18岁，你的成人礼

生气储蓄罐

胡洁慧 郭天辰 / 著

培养孩子的 6 个不一样的方法
孩子成长的 81 个瞬间
家庭教育的 3 个基础
示范是最好的教育
我喜欢的 10 个故事
心有灵犀

天津社会科学院出版社

图书在版编目(CIP)数据

18岁,你的成人礼:生气储蓄罐 / 胡洁慧,郭天辰
著. -- 天津:天津社会科学院出版社, 2018.12
    ISBN 978-7-5563-0536-0

    Ⅰ.①1… Ⅱ.①胡… ②郭… Ⅲ.①青少年教育–家
庭教育 Ⅳ.①G782

    中国版本图书馆 CIP 数据核字(2019)第 004936 号

18 岁,你的成人礼:生气储蓄罐
18 SUI, NIDE CHENGRENLI : SHENGQI CHUXUGUAN

出版发行:天津社会科学院出版社
出 版 人:张博
地   址:天津市南开区迎水道 7 号
邮   编:300191
电话/传真:(022) 23360165 (总编室)
          (022) 23075303 (发行科)
网   址:www.tass-tj.org.cn
印   刷:北京建宏印刷有限公司

开   本:787×1092 毫米   1/16
印   张:11.75
字   数:100 千字
版   次:2018 年 12 月第 1 版 2018 年 12 月第 1 次印刷
定   价:79.00 元

C O N T E N T S 目　录

001 / 序

001 / 培养孩子的 6 个不一样的方法

003 / 人生的大石头——定位人生大坐标
006 / 生气储蓄罐——掌握聪明的沟通方法
009 / 金牌少年——培养自我激励的能力
012 / 旅行的意义——践行行万里路
016 / "四升五"的小幸运——机会总是留给有准备的人
023 / 笑话人生——乐观是一往直前的通行证

027 / 孩子成长的 81 个瞬间

029 / 订正
029 / 郭肉末
030 / 淘宝网
030 / 青春痘
030 / 留学
031 / 惩罚
031 / 乐观与童趣
032 / 高考状元
033 / 他的世界
034 / 记功簿
034 / 晨间沟通课

035 / 自娱自乐
036 / 每天必修课
036 / 他也有 QQ 空间了
037 / 两个糊涂虫
037 / 男朋友都比女朋友高
038 / 崩溃
039 / 幼稚的天真
039 / 掉牙
040 / 开始懂事了
041 / 是样品,不卖的
041 / 长大

目 录 CONTENTS

042 / 新学期,新环境

043 / 育才附小一周

045 / 理发

045 / 对比

047 / 不小心

047 / 今天演哪出

048 / 看电影

048 / 找酒店

049 / 通鼻孔

049 / 小小义工

050 / 老师,对不住啊

050 / 粗心,态度乎,能力乎

051 / 好的

052 / 关于吃

053 / 独身子女的欢乐游戏

053 / 斗智斗勇

054 / 活宝儿子糗事多

054 / 密码

055 / 暴打

055 / 微型家长会

055 / 倔强与迂回

057 / 臭儿子,慢点

058 / 货币战争

058 / 胸有春笋

059 / 竖笛

059 / 歌神

060 / 神药

060 / 阅读

060 / 梦想

062 / 独立与承担

064 / 拖地里的智慧

065 / 睡宝

065 / 儿子教会我别纠结

067 / 旅行中的故事

067 / 谁更有经验

068 / 特别祝福

068 / 图书归类

069 / 近期二三事

069 / 运动会系列

071 / 乐活

072 / 玻璃碎了

073 / 有点小资

073 / 小幸福

074 / 逻辑

074 / 参考消息

074 / 杨家将

074 / 感冒

075 / 不能退货

075 / 压压惊

075 / 马拉多纳

075 / 生活节奏

076 / 身体通感

076 / 魔高一丈

077 / 早睡早起

077 / 好养的娃

078 / 洗钱

078 / 两个妈妈

079 / 中考之百感交集

080 / 手机战争

C O N T E N T S 目 录

083 / 家庭教育的 3 个基础

085 / 自然、乐观与独立
088 / 自然之睡眠
090 / 自然之健康
092 / 乐观之十五个小笑话
100 / 独立的生活能力
104 / 独立的判断能力
108 / 独立的经济能力

111 / 示范是最好的教育

113 / 示范是最好的教育
114 / 给孩子营造一个简单的家庭环境
116 / 用心陪伴,会开出不一样的花
119 / 爱,不要成为负担
121 / 示范是一种身体力行,也是一种简单坚持
125 / 道不尽的路
126 / 界是一种仪式感
129 / 标准化,世界本大同
130 / 奇妙的大自然
131 / 人与墓碑

目 录 CONTENTS

133 / 我喜欢的 10 个故事

135 / 阳光不锈
136 / 戒指与婚姻
138 / 耳朵
139 / 大家都有病
142 / 公主要月亮
144 / 要吃什么,自己去买
145 / 谁在享受西湖
147 / 善待别人的高度
149 / 人生就像茶叶蛋,有裂痕才入味
151 / 笃栗子——做父母的智慧

153 / 心有灵犀

155 / 成长试验
159 / 我们彼此的信
161 / 珠峰大本营
167 / 18 岁,我想对你说

173 / 后记

序

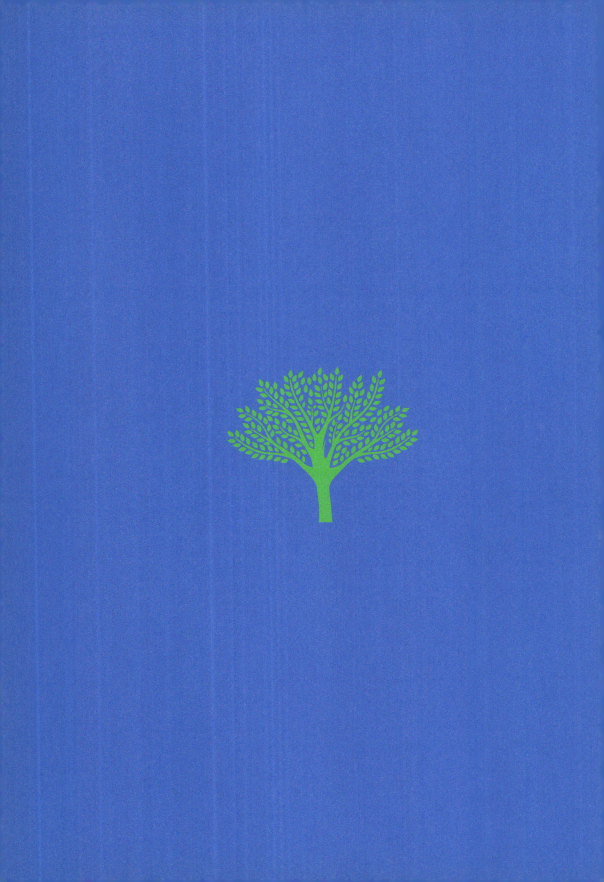

序 ❖

　　做妈妈真是一件很有趣的事情，有开怀大笑，有恼怒抓狂，更多的是平凡与温馨。很多事在发生时记忆深刻，但随着时间的流逝就逐渐淡去，甚至会怀疑，它真的发生过吗？如此美妙的记忆褪色了，这很是遗憾，不如把它记录下来，以后慢慢回味。正因如此才有了这本书的写作初衷——作为儿子18岁的成人礼，给我和他一个封存的记忆。

　　日常生活中会和周围的妈妈一起分享这些故事，讲得多了，她们也贡献出了很多幸福的故事，烦恼的故事，于是越发觉得每个孩子的成长是有差异的，每个妈妈也是在这个过程中"看我七十二变"，于是就有了写作的第二个目的：抛砖引玉，邀请家长们共同记录，分享每一个经典时刻。

　　现在有很多年轻人不愿结婚，不愿生孩子，究其原因，一是经济压力，二是结婚、养娃太辛苦，就是一个"完全付出，吃力不讨好"的活儿。经济因素先不说，很多人会有"完全是付出，吃力不讨好"的感觉，往往是因为他们没有在自己的父母身上看到婚姻的甜蜜、育儿的幸福。因此，你的价值观很大程度影响了孩子。不要抱怨孩子身上的种种问题，因为他就是你的行为、价值观的折射。现代有很多书是讲"幸福"的,我坚信一点:我们教给孩子的不是"幸福的定义",而是让他"感受幸福的氛围",观摩"让生活幸福的行为"。所以我们就该成为"幸福的范式,幸福的实践者",这本书不单是亲子关系的记录,而是一个社会关系总和的记录,有亲子,有夫妻,有长辈,有保姆,有职场环境,有社会环境,一个人只有在价值观统一,行为标准一致的状况下,内心才是澄澈的、宁静的,向社会散发出的能量也是正向的、美好的。

因此,这本书有三个目的:一是孩子成长的记录;二是激发更多的家长一起记录与分享;三是倡导大家一起来修正自我,推动小家乃至大家更美好的发展。

书中有这样几个板块:

1. 培养孩子的 6 个不一样的方法。

2. 孩子成长的 81 个瞬间。

3. 家庭教育的 3 个基础。

4. 示范是最好的教育。

5. 我喜欢的 10 个故事。

6. 心有灵犀。

每个人的认知都受各自世界观的影响,每个人的世界观也各有局限。人,生来不完美,我们不用苛责,存在即合理。

培养孩子的6个不一样的方法

人生的大石头

——定位人生大坐标

很多年前就听过这样一则故事，一位教授给学生讲课并现场做了实验。他拿出一个广口瓶，旁边放了很多东西：水，沙子、砾石、大石头等，他问学生怎样才可以把这个瓶子填满。有学生上来就抓起桌边最顺手的材料往瓶子里塞，哪个近，哪个方便就塞哪个，最终总是能在瓶子的边角看到空隙，甚至有的空隙很大。后来教授开始示范，他先仔细地放了大石头，直到再也塞不进去，顶上的石块也高出了瓶口；然后他又拿出砾石往里面倒，并敲击玻璃瓶壁，使砾石填满下面石块的间隙；他再拿出沙子，往里倒，让沙子填满砾石与石块的间隙；最后他拿出一瓶水倒进瓶子里直到水面与瓶口齐平。教授问学生："这个例子说明了什么？"学生说："无论你的时间多少，只要努力，你就可以做更多的事情。""不！"教授说："这个例子告诉我们，如果你不先放大石块，你就再也不能把它放到瓶子里了。"

这个故事对我的改变很大，我时常在思考人生的大石头是什么？大石头就像人生的大坐标，你把大事在该做的时间做了，不颠三倒四，人生怎么都不会出大偏差。如果没有这个大坐标，想到什么做什么，人生就会陷入混乱。

大坐标无非是上了什么学校，选择什么职业，择偶的标准，何时结婚，何时生子，事业的阶梯，生活方式的选择，对健康的关注，正确的财富观、价值观等等。说来抽象，作为一名女性，现在回忆起来，我从大学毕业就有清晰的时间坐标，5 年达到什么水平，10 年达到什么水平，45 岁的时候出一本书（这个还稍微提早了点）。人生坐标则是：24 岁结婚，25 岁生子，30 岁北漂，31 岁儿子读小学，既平衡家庭又关注事业，还享受孩子成长的乐趣。

我很早就跟儿子讲过这个故事，告诉他人生漫长，不可能每天都正面积极，勇往直前，偶尔浑浑噩噩一下没问题，但是"大石头"一定要放好。对于一个孩子来说，求学的大石头无非如此：学龄前兴趣方向的选择，进入什么样的小学，小升初前有没有机会点；小升初的磨炼，关键的中考，高考方向的选择，是否继续深造，以什么样的方式进入职场等等。这些坐标点清晰了，就能审视自己的教育环境，用数字去衡量各项比例，给自己和孩子一个恰当的定位，这样就不会轻易被周围的焦虑所感染，静下心按照自己的目标和方法推动和呵护孩子的成长。

事实上，现在整个社会的教育焦虑往往是家长自己没有放好人生的大石头。他们习惯抓起身边的任何材质就往孩子这个瓶子里塞。这个补习班，那个兴趣班，一边非理性地砸钱，一边又呼吁教育成本太高；既对义务教育无比依赖，又在骨子里对其并不信任。

人生的大石头，对于女性尤其重要，因为她们可能影响一个家族。现代社会，城市女性整体优秀，她们遵守规则、勤奋、上进、对自己有高标准。这使得她们择偶的眼光越来越高，同时也延迟了婚育的年龄。这使她们在婚育市场上相对被动，不婚比例上升。生育年龄的推迟使女性本人身体恢复较慢，孩子的体质可能下降，甚至由于艰难得子后整个家族对孩子过分的宠溺，影响日后孩子的性格发展。强烈推荐女性朋友好好学习下《黄帝内经》，书中的"治未病"思想，在当前社会尤为珍贵，"是故圣人不治已病治未病，不治已乱治未乱……夫病已成而后药之，乱已成而后治之，譬犹渴而穿井，斗而铸锥，不亦晚乎！"现代社会很多焦虑不在事件本身，更多的是缺乏对"人生大石头"的思考，这个问题想明白了，我们的工作生活才能豁然开朗，才有"静待花开"良好心态面对孩子的成长。

　　人生的大石头，你怎么看？

生气储蓄罐
——掌握聪明的沟通方法

面对"熊娃",很多妈妈都会有这样的感受:上一秒优雅,下一秒抓狂;上一秒微笑,下一秒崩溃;上一秒是亲妈,下一秒是后妈;上一秒柔声细语,下一秒河东狮吼。那么有没有什么好的方法可以控制自己的情绪,与孩子很好地沟通呢?给大家介绍一个极好的方法——生气储蓄罐。

说到储蓄罐,一般人都会想到是存钱。可是你知道吗,它除了存钱之外,还可以暂存一种情绪。今天就给大家介绍一下"生气储蓄罐"的妙用。

现在的孩子多是独生子女,在家被视为掌上明珠,而到了外面却不知如何跟小朋友相处,经常出现"家里像老虎,外面是瘟猫"的情况。事实上孩子的情绪要从小培养:开心的时候就该有花儿般的笑容,但不能有娇气;生气的时候不能满地打滚甚至坐地耍赖,要逐渐懂得控制。

记得儿子小时候,有天放学回来气鼓鼓的。问他怎么回事,他说是跟同学有些小摩擦,而老师冤枉了他。听完事情的经过,我把当天恰巧带回的一个储蓄罐送给了他。并告诉他:"你今天是不是很生气?如果是的话,你可以试着往里面扔一块钱,我们看看一个月下来,这个罐子里会存多少钱。当然今天因为你的事情，老师也打电话给我了。说实话，我也有些生气，那我就先扔一块钱吧。"于是，我先放了一块钱。

儿子半信半疑地说："这样也可以吗？是把这个生的气给存起来吗？"

我说："可以这样理解，但是当你把一块钱放进去的时候，你就不可以再生气了。"

于是，那一天，储蓄罐里多了两块钱。

月末的时候，我摇了摇储蓄罐，似乎里面硬币又多了几个。我告诉儿子，这个储蓄罐每个月都要结清一下。"来，我们一起看看这些钱都是怎么存进去的。"儿子讲述了每一个硬币的情况。我又问："那你现在还生气吗？"儿子说："当然不气了，我可不能虐待自己。""好吧，如果你不生气了，那这些钱就归你支配。"

"那里面不是还有你生气放进的硬币吗？也归我了？"儿子继续问。我说"是的。""那我岂不是多惹你生气，还能赚钱？"我说："如果你想这样做的话，可以"。

后来有一天，儿子在学校犯了一个大错，老师又打电话给我。那天我接到电话，非常生气。一回到家，发现在客厅里，那个储蓄罐赫然耸立，上面直接插了个红彤彤的 100 元，那一瞬间我就笑了，一下子感到情绪释放了。我知道，儿子在以这种方式告诉我"他也很生气，但他知道错了"。

在以后很长一段时间，生气储蓄罐就那样寂寞地立在儿子的写字台上，总是没有进账。

其实沟通是人生最重要的功课，无论是亲子、夫妻、亲友、同事，还有我们生活中遇到的每个人，有效的沟通一定是大家先要有"态度"。我看到太多的沟通是情绪的宣泄，各自强调理由，各种"鸡同鸭讲"。而这个生气储蓄罐恰巧承担了一个"媒介"，起到一个情绪缓冲的作用。我一直坚持认为矛盾发生当时一定不是最佳的沟通时机，彼此忍一忍，放一放，待情绪稳定了再沟通。我并不关心儿子扔进去的每一块钱是为了什么事情，我可以想象也许他扔钱进去的时候，已经对着储蓄罐说了一通他的愤怒呢！这是不是像极了"忏悔中的神父""说出秘密中的树洞"的作用。如果儿子可以通过这种自我对话的方式释放情绪，认识问题，解决问题，这不是一种很神奇的能力吗？这个方法对任何人都试用，非常有效！

只有像我这么优秀的培训师才能想出如此绝妙的方法，并耐心地付诸实践，在生活中提升家庭生活品质和孩子的技能，自我表扬一下。

（此法始于 2013 年 9 月，儿子刚读初中开始）

金牌少年
——培养自我激励的能力

　　儿子8岁那年，趁着春假，全家一起去了趟黄山。不为别的，就想让儿子"跟着课本游黄山"。我上大学的时候，与5个室友去了趟黄山，令我记忆深刻。也是在那次黄山行中，我狠狠地记住了一句话"不上黄山想黄山，上了黄山怨黄山"游历黄山的感觉是"眼睛在天堂，身体在地狱"。

　　黄山的美在于攀登以后征服的美，黄山的美在于石头角度变换的美，黄山的美更在于丰富想象融入的美。

　　当然攀登黄山真是挑战体力和耐力的活儿。第一天我们就选择了攀登天都峰，从玉屏楼出发，先一路下山，到达谷底平台时就看到了登天都峰那条蜿蜒陡峭的路。刚开始时，我和先生体力还不错，一直交替前后，把儿子压在中间以保证安全。由于是春假期间（是个周五）黄山上人本来就不多，小孩子就更少了，所以儿子一路都很"扎眼"。一路的游客看到便惊讶地说："哇，小孩子很厉害嘛，这么小就自个爬天都峰啊。"儿子听了极其自豪，像打了兴奋剂一样越走越带劲，越爬越快，我和先生哪有他体力好，走一阵歇一阵，不久就发现儿子已经蹿得没了踪影。想想心里有些担心，但心有余而

力不足，无论如何我们都没有体力冲刺追上去，于是一边爬，一边大喊，"天天，慢一点，注意安全!"，终于快要到天都峰上最险"鲫鱼背"了，在一个回转的地方，看到了儿子，带着哭腔说："妈妈，我们不要上去了，上面很危险，我们回去吧。"于是，我们乘着歇脚的空档，问儿子："刚才你不是很英勇吗？怎么到这里就怕了呢？""没关系，爸爸妈妈陪着你，爸爸走前面，你在中间，妈妈压后，这样我们一定能走过最险的天都峰的。""课本里不是说金鸡叫天都吗，我们已经离天都峰顶这么近了，放弃多可惜啊!"在我跟先生的一路劝说下，儿子终于同意去鲫鱼背。

看着儿子脸上还有担心的泪水，走鲫鱼背时，紧紧握着甚至掐着我的手，小心翼翼地、一点一点地蹭了过去，我感到无比开心，因为他在体验人生中的"难关"。终于走过去后，儿子回头的一刹那露出了"严肃"的笑容，但他依然说，妈妈我们快点下去吧。上到天都峰的顶峰，回看四周，美景一览无余。峰顶平台上有一个打磨金牌的人，可以在金牌上刻上名字和日期，为了表示对儿子勇敢行为的肯定，我给儿子刻了块金牌，挂在脖子上，他感到无比自豪。

下山路上，由于天热，金牌挂在脖子上与汗摩擦后会疼痛，儿子自己摘下了金牌，小心翼翼地放进自己背包里，非常爱惜。每次我们停下来休息的时候，他总是先补充食物，然后再拿出那块金牌来，仔细揣摩一下，放在嘴边亲一下，再仔细地放回包里，继续上路。

看到这个细节，我知道儿子长大了，学会自我激励、自我鼓劲儿了。任何外力都不足以提供持久的动力，只有自己设定的目标、发自内心的自律，坚韧不拔的努力和持续的自我激励才能让自己走得更远。我想，这是黄山行最大的收获！旅行总是能给你意外的收获。

旅行的意义
——践行行万里路

开始整理十年自驾的版块了，忽然有些尴尬，有些迷茫，这些旅行该以怎样的一种方式来呈现。自驾是我们家践行"行万里路"的方式，是家庭教育中的重要内容，也是作为一种家庭仪式成为我家特别的标签。

这几天刚好先生带着几个朋友进藏，走的是川藏线，然后走青藏、大北

线，这是一条我向往已久的路，可是因为种种原因这次无法参与。一天在电话聊天的时候，他说其中有人想拉萨的行程结束就返程了，原因是觉得这种行走太辛苦，耗时间，也没有震撼心灵的景点。是的，我们周边很多人对旅游更多的认知是：花钱、报团、舒适的酒店、知名的景点、舒缓的节奏、游客照、从一个目的地赶往另一个目的地……他们最常问的是"明天的景点是什么？明天可不可以晚点起床？"

每个人对旅行的认知是不一样的。在网上被这样一篇软文惊艳到了，这是一家专门做定制旅行的机构叫"无二之旅"，我想这正是我想表达的旅行：

"旅游"和"旅行"不是不一样，而是太不一样。"旅行"，有温度和深度；"旅行"意味着，像当地人一样生活，探寻城市、乡村的角落，聆听陌生人的故事。"旅行"意味着，进入旷野和丛林，窥探光线的明暗变化，细嗅野花的清凉芬芳。"旅行"意味着，我们在乎这个世界，这个世界和我们息息相关。而"旅游"，是仓皇和匆忙，加上景点打卡和照相；是打包跟团，以及不合理的紧凑行程安排……

在我看来十年自驾游带给我的印记是：误闯大兴安岭林区小道的惊喜与小担忧、加油站无油被困世界高城理塘的不眠之夜、滂沱大雨午夜却漫天繁星的珠峰大本营、藏区公路行驶诡异的限速单、318国道的5000公里路牌、连霍高速的终点、雨夜狂奔的独库公路、中巴边境的巴基斯坦一家人、青年旅社里的"杀人游戏"、新西兰诱人的三文鱼厂、南岛那个我想定居下来的城市因弗卡吉尔、右舵驾驶的转向灯雨刮器的混乱磨合、停车驻足的新西兰少年橄榄球赛、阿卡罗阿那个浪漫的法式小镇、晚上9点忽然冒出的土耳其交警、震撼的即将苏醒的热气球、东方快车谋杀案中目前已经废弃的火车站、博斯布鲁斯海峡上的公交船、放了我们鸽子的德国民宿老太太、楚格峰下德国人的亲子聚会等等。

我发现所有重要的记忆大都不是来自所谓知名的景点，更多的是在每一个路口的偶遇和惊喜，这就是我喜欢自驾游的原因。

记得刚开始自驾游的时候，儿子坐在车后排，累了就躺下，座位对他的身高绰绰有余。随着时间的推移，他只能蜷着腿，到现在只能上半身躺在座椅上，下半身耷拉在座位下。2018年10月，他就有资格考驾照了，我们经常打趣说"儿子是在后排座长大的"。从2009年开始我们每年都坚持一家三口长途自驾，每次都有15~20天时间，这些日子我们以车为载体，最亲密地生活在一起，用车轮碾压地球上的每一寸土地，在车厢里天文地理、穿越古今、海阔天空地聊。一起用双眼捕捉世界的美好，一起应对每一个突发事件，一起感受不同的文化，认识不同的人。在行走中，你会发现语言不是障碍，因为最好的交流是微笑和"手语"；在行走你会发现什么车不重要，因为我亲眼看到一辆小汽车从珠峰上面缓慢的开下来。一切束缚我们的都只是你犹豫不定的脚步，迈出那步，走出去，世界如此美妙。

❖ "四升五"的小幸运
——机会总是留给有准备的人

儿子开学就高三了,明年将迎来高考的检验。回忆儿子一路的学业,最大的转折点是 2011 年的"四升五",因为当时的一个决策,一种坚持让我们始终能走得很定从容。这一部分我想特别来说下家长在孩子学业成长过程中到底应该起什么作用,到底能起到什么作用。

先大致说说杭州的教育大概况。儿子 2000 年出生,在这前后的几年,杭州每年新生数量在 20000~23000 人数不等。杭州小学教育中,公办校整体不错,尤其是西湖区。初中教育中,几所知名的民办校实力非常强劲,高中教育中,又是公办重点高中的天下。通常在中考后就有一个大的分叉,50%左右的孩子依然会努力冲刺学业准备高考,另 50%就慢慢走向职业教育,包括"3+2"。随着高校的扩招,高考的竞争没有我们那个年代激烈,但要进入"C9""985""211"等高校,竞争还是非常激烈的。浙江省的高考除了全国自主招生,还有独具特色的三位一体。浙江家长对于自主招生政策的实质领悟还存在差异,我目前对此的理解是——对于高校录取新生来说,A、B 两个学生入校考分相差 20~30 分,本质上不会影响大学学生的培养,但是如果学校能够在学生考试之前就与该生建立联系，了解考生的情况、兴趣爱好、特点等就更容易做出选择。毕竟在大多数百姓的传统概念中认为大学所学专业跟就业还是有极大关联的，如果你对这个专业有极大的兴趣爱好，甚至在初、高中阶段就对此有所学习思考，那就更符合学校的招生要求，于是学校愿意对个体进行一定的特殊录取政策。如果了解这个本质，对于高三家长来说，功课不是到高考完填志愿的时候才做，应该前置到高二下半学期。说到这，你应该大致了解，家长应该做什么？

在孩子还没成年前，或者没有独立思想前，家长更多的是在引导和创造条件。但这种创造不是砸钱、盲目的报培训班，一个劲儿地对孩子说"我为你做了这么多，你再不好好学，对不起我啊"。所有的决策一定是有目标、有思想的。我认为"教育要系统思考，行动要有的放矢"。

教育要系统思考，行动要有的放矢

最近，学区房、小升初、扩大重高保送比例，要不要进民办……这些信息不绝于耳，作为一个也在过程中经历的妈妈，我来说几句。

学校的选择是一个动态的、系统考虑的过程：

1. 只有你越临近选择时，你对这个区段的信息最关注也相对准确——不过多听听过来人的想法，或许会更有利于我们做出客观判断。

2. 在孩子的教育过程中，家长本身也要有独立的观点，坚持自己的想法，客观评价周围环境，不要人云亦云。

3. 在教育的过程中，家长和孩子要分工明确同时要良性互动。

幼儿园：

一直以来我对教育阶段的看法是：幼儿园要快乐，学会在集体中生活；

小学是基础，慢慢培养习惯，排前 10 名左右最好；初中很重要，要注重方法和知识体系的连贯性；高中时期学习习惯已养成，更重要的是知识脉络的梳理，举一反三，强化优势，弱化劣势。就像体操全能比赛，不要有某一个项目太弱，自己的优势项目要极其稳定或者有高难度加分。

接下来，孩子的受教育过程其实跟杭州的房地产发展有非常密切的互动关系。我从幼儿园开始描述：小儿 2000 年 10 月生，众所周知那是千禧的龙年，据说孩子的出生率比较高。但我一路过来并没有明显觉得有很大的入学压力，不知道现在是外部炒作太厉害了还是什么？

幼儿园时期，我们先是上了新金都城市花园的幼儿园，那是乙级幼儿园，因为儿子月份小，我们在 2003 年下半年就让他去了托班，然后读小班、中班。这个时候在紫荆花路那里新开了甲级幼儿园西湖区文苑幼儿园，于是乐颠乐颠报名去了，2005 年转入中班。两边都挺不错，前面那个幼儿园的老师非常负责，后面那个幼儿园很规范。这里要说说户口的问题：至今为止，我们一家三口的户口没有落在一本户口本上。儿子读幼儿园的时候，户口跟着爸爸一直放在婆婆家，而我的户口一直放在我妈那里。我们自己的房子没挂过户口。

小学入学：

中班后期，我们开始关注小学。婆婆家的学区是西湖小学的分校，我们自己房子的学区是文三街小学的分校，我妈家的学区是文一街小学的分校。当时考虑两个因素：一是中学的好坏（当时以为文一街分校也可以进十三中的，其实差距大了。事实证明小学考虑初中，稍微远了点，随着后来的深入，对初中教育有了新的理解。）；还有一个是生源的情况。文一街的分校生源主要有两大块，一个是政府配套公务员的孩子，还有就是浙大老师的孩子，个人觉得家长的观念会影响教育的氛围。基于这两个考虑我们选择把儿子户口迁到了我妈家。（学校的选择要理性，当然也要结合自己家庭的情况。）

当时文一街这个分校也是新开，好像是第二届还是第三届招生。因为房产证的名字是我父母，我跟儿子只是落在这里，所以我们被当做第三类生源储备。又因为学校新开，貌似生源没那么紧张，所以我们就顺利入读了。在这个学校，孩子读得很开心，当然他也非常调皮，但老师很有耐心，不过我几乎每个学期还是会有 1~2 次的"微型家长会"机会（因为儿子实在太调皮了，微型家长会通常是指老师跟家长一对一）；另外一个显著的感受，就是家长们在承担家委会的职责方面都尽心尽责，一会儿去参观某个实验室了，一会儿又参加什么公益活动了，孩子在这个过程中综合素质有显著提升。这让我觉得当时去摸底生源这个决策是对的——我相信每个学校的生源都有自己的特征。我们要善于发现美和强化美，还有一点要说明：孩子读书没有压力，每每看到的成绩单基本也是优和良，所以我们并不太知道孩子的真实学习情况，心里毛估估的感觉还可以吧，大约在 10~20 名中间。

中学准备（小升初参考）：

随着孩子年级的升高，当时已经 4 年级了，我们逐渐关注未来的中学配套。几方了解后中学都不是非常明确，而且似乎不太理想。去年此时，有朋友的孩子想从临平到杭州来读书，在帮他了解政策时，忽然了解到有所学校会招五年级的孩子，如果考进去未来可以直升中学，而那所中学又是我比较感兴趣的。所以在了解到信息后我第二天就到学校去问相关情况：是不是直升？什么时候考试？考试的类型？什么资格可以考试等等。现在就这一部分来重点说说：

1. 考试是在 6 月末，期末考试前一周的双休日。当年只考语文和数学，数学偏奥数，两门考试题量都偏大，一门50分钟，语文含小作文。考试要求孩子动作一定要快。考试资格基本要求三四年级全优，如有获奖证明一并带来。报名只做预登记，到6月会通知考试资格。

2. 经典的故事来了。我家小儿，一向倡导学习、玩和看书。从来没上过任何形式的课外班（学前不学拼音，没有参加过奥数、英语、写作等辅导）按照这样的考试方向，第一个决策：用不到3个月的时间让他接触奥数题型和基本思维方式。于是开始在"19楼"上找老师，通常老师一开口说"希望杯什么什么"我就说不需要，我只要你先测试一下孩子，然后在两个多月时间里给他有个奥数方面的辅导计划就行了。于是乎，筛选了七八个，在楼里找了个老师，每周一下午孩子放学后辅导两小时，一共辅导了12次。孩子跟老师很有缘，学得也开心。第一次下课时，儿子说："这么快，两个小时就到了。"呵呵呵，爱学习的根植入了，就啥都不担心了。

3. 让人沮丧的事情终于发生了，临近5月末，学校再次通知要带齐孩子三四年级的成绩单和获奖证书。我家小儿语文数学还可以，英语只有良，副科还有及格出现的，那四张成绩单拿出去真是让人汗颜啊，为此我深深做了检讨，是不是对孩子要求太低了。另外我也将这个情况如实告诉了孩子："你看看，这种情况我们很可能连考试的机会都没有，你复习了两个月了，觉得可惜吗？"儿子此时也有些惭愧，谈话完毕，我跟儿子拉手——没到最后关头我们决不放弃。考试的资格妈妈竭力为你争取，但是考场上只有你自己展示实力了。

4. 那个周末，我再次认真地将记录那个学校8年发展的书读了一遍，将学校的网站认真看了一遍，开始给孩子制作个人简历。（中间包含了对学校的认识，对教育的看法，对孩子教育得失的自我评价等，当然还有孩子的成绩单和荣誉证书）周一一早，我跟老公两个人再次赶到学校，老师看了以后，非常职业地说："就成绩单来说是有问题的，不过家长也非常用心，我们会根据具体情况再通知。"我在离开前一再表示：希望争取考试机会，即便没考上，也给孩子上生动的一课。

5. 最后，在这场四升五的考试中儿子脱颖而出。当时参与考试大约 400 人，录取了 50 人，单独组班，小学毕业直升其初中，免却了两年后小升初的烦恼。

到这里我们会发现，作为家长，你在过程中需要去关注的有：

1. 对教育环境与政策有初步了解，通常在关键点提早两年做深度了解及安排。例如小班时要考虑下上学了；三四年级看看有没有类似"四升五提早锁定的机会"；五年级要开始准备小升初了；初二开始准备中考相关信息；高二开始准备高考相关信息等。

2. 了解消息的渠道有很多，注意筛选和辨明信息，最好找制度、上官网或者直接到学校去了解政策，要能解读政策与制度，不要人云亦云。

3. 了解信息后要有行动，且行动力要强，最好起而行，不要拖拖拉拉，最后就不了了之。

4. 碰到困难要"以柔克刚"，学会沟通，不要硬碰硬。同时也要借机给孩子进行挫折教育，并达成"不到最后决不放弃"的共识。就像我刚才举例，孩子已经准备四升五考试两个月了，忽然得到通知，可能连考试的机会都没有。我就马上开始做准备，了解学校的发展历史，通过制作孩子的个性化简历表明我们家长的教育观，客观分析孩子的优缺点；现场跟老师沟通，有礼有节，但一定争取一个考试的机会。你的认真，终究会给你带来机会的。获得考试机会后就跟孩子达成共识，机会不易，后面就只能靠你自己去把握。

5. 要选择适合的学校，前后价值观要一致。真的看到过很多家长，别人说好的学校，他就认为好，没有亲自去了解，待孩子去面试、参加选拔时说不出为啥选这个学校（这里我多唠叨几句，因为工作关系我也经常要给别人面试，很多面试者表现出来很渴望进我单位，但是我问他你认为这家公司是怎样的，你为什么想要进入，对你有什么发展支持时啥也说不出，那作为我如何来判断你是真想进入，还是临时的信口开河呢？）；然后你又会发现，这个孩子如果没有录取，那个家长忽然跳出来在公众网络上破口大骂这个学校这个不好，那个不好。殊不知这个行为会带给孩子什么，让孩子未来的价值观如何建立？类似这种情况，其实需要提早给孩子做好心理铺垫的，例如说"这是一所非常优秀的学校，很多同学都想进入，大家都要凭实力。你有这样一次机会，如果恰好考进了，说明你现在具备这所优秀学校所要求的"优秀基因"，恭喜你；如果你这次没有进入，不要灰心，说明你稍微有些小距离，我们通过努力去寻找差距，未来就会有更多的机会"。

机会总是留给有准备的人，下一个机会来了，你能抓住吗？

笑话人生
——乐观是勇往直前的通行证

　　我家一直坚持"乐观主义"教育，最通俗的做法就是给孩子讲笑话。从孩子两岁多开始会语言交流到他 14 岁成长阶段，我几乎一直坚持给他讲笑话，加起来也有 4000 多个笑话了。儿子身上透出的快乐是发自内心的，特别是现在，我也感受到"反哺"的力量，儿子开始习惯给我讲笑话了。我有时下班回到家，可能有些疲惫，或者近期工作压力有些大，儿子就会主动过来给我讲笑话。我在总结乐观主义教育到底意味着什么，大致有以下的六大好处：

　　1. 家里始终保持一种愉悦的、分享的氛围。无论我、老公、儿子还是家里的阿姨只要听到好的笑话，都会当天快乐地分享，这已经形成了一种习惯。

　　2. 是一种"找台阶"的方式。其实每个家里都会有些摩擦，有些家庭是用大吵一架的方式，有的是用沉默冷战的方式。在我们家里如果有摩擦，通常的解决方案是有人会以"讲笑话"的方式找台阶。随着孩子越来越大，开始有自己的个性，有的时候会坚持自己的，而家长也不可能处处都聆听、宽容，偶尔也会用些传统"小暴力"。过后，如果我觉得要跟儿子"修好"，往往会大声地对着老公说"我给你讲个笑话哦"——其实是说给儿子听的,而且此时选的笑话往往是要与刚才发生的摩擦有关的,这时儿子通常会竖起耳朵。有时儿子固执过后也意识到自己不对,但又不愿直接承认,会跑过了说"妈妈,我给你讲个笑话"来以示修好。

3. 是退一步海阔天空的思维方式。很多笑话好笑,是因为它们不同于传统的思维,在嬉笑怒骂间蔑视困难与问题,这恰恰是一种非常好的思维模式,当一些我们认为"不好的、不对的"事情发生时,一味地不满和抱怨是没有意义的,不如退一步,自嘲也是有进攻性的。

4. 讲笑话能够有效地训练表达能力。通常笑话很短,如何"抖包袱"是有技巧的,经常练习讲笑话,语言的逻辑能力会更好,有时还需要配合一些肢体语言,表达会更形象。作为一名培训师我在这方面会对儿子有单独的打磨,使他未来具备多重能力。

5. 始终保持"乐观因子"。笑话看多的小孩通常比较快乐,笑点比较低,没有什么东西能够严重的打击到他,孩子情商和逆商比较高。

6. 快乐的人精神上更富有,会交到更多的朋友。现在周围很多人经常对儿子说,你有很多笑话的,讲一个让大家开心一下……笑话就好比是一个"开心金库",经常往里面储存笑话,开心的财富值就会越高,试想一下跟一个人在一起你看到的总是悲观,而另一个总是乐观,你喜欢跟谁交朋友啊。一个带着很多快乐的人会交到更多的朋友。每个人都有能量,一个高能量的人会像太阳一样,照亮周边的环境,激发周边的情绪,营造一个融洽的氛围。

这6个方面是我回忆孩子成长18年来印象最深刻的事件与方法,也是我家比较独特的教育观和教育实践。毕竟我不是教育界的专业人士,所以会有观点的狭隘性与局限性,只是拿出来分享。如果有一点能够触动你,激发出

你的新想法，我都认为是有价值的。

对我们这一代，只养育了一个孩子，看到的样本不够充分；另外，教育又是一个不可逆的过程，我只能在过程中摸索前行，随时校正。幸好，目前大的方向似乎还正常，聊表欣慰。后面的章节我会围绕这些内容来讲述具体例子和解决处理的方法，内容可能会更生动有趣一些。欢迎继续……

孩子成长的 81 个瞬间

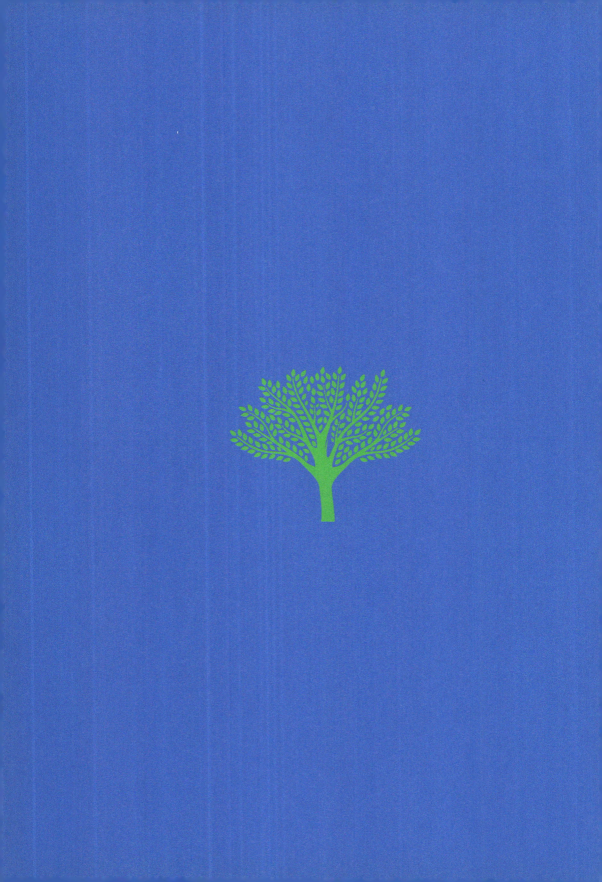

叨叨臭儿子系列是我日常记录孩子的幽默瞬间、点滴故事。他的幽默、他的思维方式经常会震撼我，我也在此过程中被改变。

订正

儿子读二年级了，数学作业中，老师规定凡是做错的题目都要重新订正并且在旁边写上做错的原因。一日，儿子单元测试卷上有三个错误，其中一个是竖式列得歪歪扭扭，不整齐，老师看不清，就打了叉。儿子很认真地在旁边重新订正并写上错误原因"杜老师看不清"。

郭肉末

儿子从小爱吃肉，每顿餐饭如果没有肉就会很沮丧。有一天吃饭前他一看桌子，叹道："又没有肉啊……"（在他眼里鱼跟虾不属于肉）我就跟他开玩笑说，这么爱吃肉，要不给你改个名字吧。儿子还真来劲了，思考片刻说："不是有个人叫郭沫若吗，我就叫郭肉末好了。"从此，一吃饭，家里就会叫："郭肉末,吃饭了。"

淘宝网

最近,我迷上了淘宝,没事就在网上找找可以买些什么。又有一个癖好,喜欢给人挖耳朵,儿子当然就成为我最主要的"折磨对象了",没事就说:"来,过来,让妈妈看看耳朵。"今天刚想给儿子挖耳朵,儿子就很严肃地跟我说"妈妈,我的耳朵又不是淘宝网。"

青春痘

儿子放学由阿姨(保姆)接回来,要坐几站公交车。一日,在车上,看到一个个子很矮的成年人,跟儿子差不多高。下了车后,阿姨对他说:"天天,刚才车上跟你差不多高的那个人是大人哎。"儿子不屑地说:"我知道的!"阿姨很好奇问:"你怎么知道的?"儿子说"他脸上长了很多青春痘。"——天哪,什么是他不知道的?

留学

留学,在现代汉语词典中有两层含义:1.留在某处求学;2.留居他国学习研究。通常我们都用第2层含义,但是儿子却让我知道了他的第三层含义……

儿子从读书时开始就调皮,一年级的时候总是被班主任留下来,号称被"留学"了。

有一次我们在讨论几年前表姐到美国留学的事情,用无比羡慕的口气谈论表姐当年的聪明与好学。不料儿子在一旁听得哈哈大笑——"留学,在美国也被留学了,你们还说她学习好!"我一听顿觉不对,原来他把此"留学"理

解为彼 "留学" 了，于是我煞费了一番口舌才把什么是真正的 "留学" 给他解释明白，最终还决定，以后他被老师留在学校就不叫 "留学" 了，改称 "留校" ——不过听起来怎么也那么别扭呢？

惩罚

"妈妈，我今天要晚上两点钟睡觉！"

"为什么啊？"

"因为十二点以后我就可以看电视了！" ……

上周日，儿子在看电视时，对我们与他讲话没有任何响应，生气之下，外婆把电视给关了。这下可好，儿子 "腾" 得一下从沙发上跳下来，冲到外婆面前狠狠地推了外婆一下……

作为不尊敬长辈的惩罚，老公要求他向外婆道歉，其次一周不得看电视。

冷静下来的儿子，在晚上乘我们没注意的时候偷偷地窝在沙发上给外婆打电话，并且诚恳地道了歉。在随后的一周中，没有再听到他说要看电视，我还对这种平静觉得很奇怪。偶尔听到他在跟阿姨说："阿姨，你就看会儿电视吧！" ——小子，自己没得看，就怂恿阿姨看，想乘机蹭一点，呵呵。

平静的 168 小时即将过去，儿子已在那里掰着指头算时间了。显然，凌晨看电视的请求在老公那里被驳回。周日一大早，大约只有 7 点多，楼下就传来电视的声音，顺着楼梯下去，儿子已经超级满足的窝在沙发上看电视了。

也好，对过去 168 小时的坚持，我表示满意。是的，他该知道什么是能做，什么是不能做。

乐观与童趣

我经常跟儿子说的一句话是："我怎么运气这么好，生了这么好一个儿子啊！"每次儿子美滋滋地乐呢，我也超级满足。人的一生都该学会"给别人感觉，给自己感觉"。这样的人生会很快乐！

欣赏儿子的超级自娱自乐的心态，超级开心。

五一假期，准备出门，我让儿子自己去找衣服。过了一会儿只听楼下儿子大叫："妈妈，我找到衣服了，但出不来了！"我正纳闷是什么意思，跑到楼下才发现，好小子把自己当个萝卜似的，脑袋插在衣服堆里，双脚临空，窝在衣柜里了。我夹着他的腰说："萝卜，快出来吧！"

去了趟海宁，一路上儿子吵着说要吃肯德基，如果我让他不准说，他准保不停地说："肯德基，肯德基……"于是我就反其道而行，说："天天，你最好能把肯德基说1500遍。"儿子乍一听还真信了"肯德基，肯德基，肯德基……"忽然发现不对，马上说，"电源关闭。"于是就住嘴了，过了一会儿又说："充电完毕，重新启动，肯德基，肯德基……"

高考状元

高考刚结束那会儿，报纸上每天都有关于高考的话题，说到高考自然聚焦到高考状元。

一天晚餐的时候，我心血来潮，问到儿子：

"嗨，你知道高考状元是什么意思吗？"

"那当然！"

"我们来做个游戏好吗？假设你已经成为今年的高考状元，可能会有很多人采访你，我们家的电话都被打爆了。我会做的第一件事是给我们家的电话安装一组等待音——欢迎您拨打高考状元家的电话，想跟状元通话请按#1，想跟状元他妈通话请按#2，想跟状元他爸通话请按#3，想听取状元小时候的故事请按#4……"儿子在我的带动下越来越激动，说，"我还会增加——状元正在睡觉，请稍候。"然后哈哈大笑起来……

看着儿子渐入佳境，我话锋一转，"嘿，当状元他妈妈感觉真好，不知道我这辈子有没有机会当一次哦?"

儿子看着我从兴奋到怀疑甚至有些挑衅的转变，自豪又沉着地说，"妈，你放心，我一定给你这个机会。"

孩子的成长会经历很多，我不会命令他要做什么。但我时时去为他勾勒一下快乐的体验，让他朝着我们期望的轨道前行。生活有时就是一场戏，入戏了，谁都该扮演好自己的角色，哪怕他离现实有一定的距离。快乐地去想象，快乐地去体验，这就是我与儿子的快乐生活。

他的世界

最近儿子身上发生两件事:

1. 卫生纸快用完了，我随手放了卷新的。考虑到原来那卷还没用完，所以我没把新的那卷外面的塑料纸撕掉。第二天忽然发现抽水马桶下水很慢，好像堵住一样。我就叫来儿子，问他有没有把什么东西扔到马桶里。儿子眨眨大眼睛，无辜地说:"没有啊。"……后来想了想说，他把那卷卫生纸打开了，把外面的那层纸扔到马桶里了——天哪，晕倒! "你怎么可以把塑料纸扔下去啊!"，他说"我觉得跟其他纸一样啊，所以……"这就是他认知的世界吗?

2. 周日，楼上的热水瓶水用完了，老公让儿子把热水瓶拿到楼下。没多久，只听"砰"的一声巨响，我赶紧跑过去问怎么回事。儿子委屈地说，我看到还有 3 级楼梯，想想热水瓶看上去是塑料的，所以我就直接把它放下了，于是……在我们看来简单的生活常识，他会用自己独特的方式去学习。也好，相信这样一下，他对热水瓶的结构会有更清晰的认识。这就是孩子成长的过程？

记功簿

开学以来，儿子一直没有进入学习状态。作业少抄、漏抄，书写不认真，作业马虎，差错率高……

今天，是我希望用一种更开放尊重的方式与儿子交流的第一天。中午我专门去买了五角星的粘贴纸，准备晚上跟儿子一起开始记录"记功簿"——寻找他每天的闪光点。正在我兴致勃勃地想象晚上如何热烈的讨论时，忽然接到班主任的电话，诉说了儿子近期的表现……一边听，一边想着晚上回去该怎样教训他。生活有时很"讽刺"，当你下定决心要换一种方式去跟那个让你"有点头痛"的小家伙平等沟通时，他又处处表现出让你无法相信他能承载"这种平等"，忍不住想用那种暴力而快捷的沟通方式……

一路上，我都觉得有两个声音在争执：平等？暴力？我不断地告诉自己"不能抱怨"。最终我选择了用"记功簿"平等的沟通方式，效果不错。我看着他用小手认真地写下今天表现不错的 3 条，看着我把五角星贴在上面，那一刻，他的眼神是纯洁的、自豪的、单纯的……我看到了我想要的变化。

坚持，从我开始。

晨间沟通课

每天早上送儿子上学的路上是我们快乐沟通的时间——晨间沟通课。

今天出门的时候，阿姨说起天天的大脚趾有点红，不知道是不是鞋子太小了。我问儿子，你觉得鞋子小不小，儿子说没感觉啊（哎，小男孩就是这样的，感受粗糙，脚趾的侧边都红的有点鼓出来了还说没感觉）——不过也好，情感麻木点比过分敏感要好。现在报纸上老是说孩子经受不了批评、挫折，选择一些极端的方式处理问题等，其实都跟家长给孩子营造的环境有关。说到鞋的话题，我就顺便给儿子补了堂生活课。

关于码和厘米的关系，厘米乘以 2 减去 10 就是码数，于是我考儿子："你穿的是 34 码的鞋，算一下是几厘米啊。"儿子脑子转得倒是挺快，马上回答 22 厘米。我就告诉他，不错，其实在穿鞋的时候，脚需要一个适当的"存放环境"。鞋太小了，会把脚趾头挤坏；太大了，会让脚在没有约束下长得太快。古时候有个成语叫"三寸金莲"就是讲古代女性"裹脚"的……我们知道 1 米=3 尺，1 尺=10 寸，算算看，三寸金莲的脚有几厘米啊？这下可把儿子给绕晕了，翻来覆去折算不出来，稍微提醒之后，终于算出是 10 厘米。于是他开心地比画着 10 厘米："就手指一跨的长度，那么小，怎么走路啊？"

看着儿子的疑惑与好奇，我鼓励他这个周末自己到电脑上查查看，古代女性为什么要裹脚，这么小的脚日常会不会生活不便……

快到学校前为了再"敲打"他一下，顺便又带给他一个成语——"裹足不前"，以前女人裹小脚，行动很不方便才会"裹足不前"的，你可别在学习上太骄傲，"裹足不前"哦。

儿子带着新鲜和愉悦的心情走进了学校的大门，我带着无比满足的心情开始了跟老公的晨间沟通课。

自娱自乐

明后天都有安排，要求儿子今天要把所有作业都做完。

还剩最后的周记了，儿子打完草稿，我一看明显敷衍了事，字写得龙飞凤舞。我很严肃地对儿子说，态度不认真，语句不通顺，没有细节描写，重新修改。儿子超级不服气，生怕晚上九点前无法完成作业而丧失玩电脑的机会。于是坚决地说："因为是草稿所以字不端正，语句已经通顺了，细节不会写。"——总之就是不肯改的样子。我说，可以，过了九点不要来抱怨，儿子磨蹭得眼看没有机会了，于是出了绝招。自言自语道——石头、剪刀、布——哦，我赢了，那就我来改周记吧。

我在一旁一阵诧异，半晌才反应过来。晕，这台阶找的……

每天必修课

儿子是我每天的必修课——或喜或忧。

昨天，儿子又把红领巾丢了，无奈今天一早又去买了 5 条，我趁机打趣道"看样子我们家要买红旗了，以后给你剪剪好了。"臭儿子倒是给根竿子就往上爬说道，"那上面的 5 颗星星不是很难办嘛。"

我一听，立马晕倒！

更晕的是，下班回到家，被告知，今天的红领巾又丢了。算算看，从一年级加入少先队，我们家的红领巾怎么也可以两打来计算了吧，我的天啊！

他也有 QQ 空间了

今天算是放假第一天，为防止假期生活没有规律，给他布置了每天必须完成的任务。其中之一就是每天读报，选择十条有价值的新闻。

下午接到儿子的电话，说是今天任务都已做完，新闻也选好了，等我回家讲给我听。

吃完晚饭，儿子就开始讲新闻……讲完后，我问道，看报纸选新闻有什么收获啊。臭小子"一、二、三"讲了三点，还挺精辟，我就顺势说记得你上次好像申请了 QQ 号，不如把心得写到空间吧，儿子一听大喜——可以玩电脑。

于是我跟他一起打开电脑，输入 QQ 号以后，他说："妈妈，你不要看我输密码。"——好小子，还有秘密了！臭小子写下了 QQ 空间第一篇日志"暑假第一天读报感"内容如下：

我认为现在每天都会发生一些稀奇古怪的事情，而且都和安全有关。世界杯也很火。高考、中考虽然结束，但它给我们带来很多故事。有的高兴，有的痛苦，我将铭记在心。（2010 年 6 月 29 日）

两个糊涂虫

半个月前，儿子放学时把眼镜落在了学校教室的课桌里。周一到校，发现眼镜没了，于是儿子眯着眼度过了半个月。

我实在忍不住，中秋小长假带他再去配副眼镜，千叮咛万嘱咐要他每天把眼镜带回来，不要再弄丢。

昨晚，精疲力竭地回到家，看到茶几上有副儿童眼镜，气不打一处来，心想都弄丢一副眼镜了还不知道放好。再仔细一看，居然是之前丢掉的那副。

问儿子眼镜哪里找回的，话说——儿子没把眼镜带回来的第二天是个周六，有幼儿园的小朋友来小学"体验生活"，小朋友看到这副眼镜就带回去了，昨天对方家长特意把眼镜送还的学校来。

唉，真是两个糊涂虫。生活为什么总是这样，放下了，重新来过了，老的又回来了？之前忍了半个月没给他配眼镜，就是觉得应该能找回来吧。绝望了，给他重新配好眼镜后，老的眼镜又回来了，哎……

男朋友都比女朋友要高

隔周的周五，通常只有我跟儿子一起吃晚饭。每每此时，我就图方便，带他去吃"垃圾食品"。

儿子现在长高了，快到我脖子这里了，于是我就喜欢搂着他一起走路。

走着走着我问他："你说别人看到我们会不会当是男女朋友呢？"儿子说："不会的，因为一般男朋友都比女朋友要高的！"

我跟儿子的关系：介于母子和姐弟之间。

崩溃

晚饭时，儿子忽然说："妈妈，昨天有件事忘了跟你说了？"我心咯噔一下，想：这小子，又犯什么错误昨天没敢讲？

儿子说："昨天体育课，同学把我的眼镜弄坏了。"

——又是眼镜？从中班到现在怎么也配过 5 副眼镜了！又不是拿来吃的！我强压怒火："到底怎么回事？"

儿子说："体育课，老师让我去跳绳，我把眼镜放在桌子上，他在我桌子旁玩，然后碰到了椅子，桌子也翻了，眼镜掉到地上，一块镜片掉下来了……"

"昨天为什么不说？"

"我忘了。"

"眼镜呢？"

"昨天老师看到了，说回家让妈妈弄一下，可以放回去的。我想妈妈能放好，我也能放（还真抬举自己哦），所以我今天语文课一直在弄，用牙咬，用指甲掐，给弄回去了！"

我无比崩溃，好好的眼镜，牙咬？指甲掐？！还在语文课上弄？

"把眼镜拿出来！"——儿子小心翼翼地拿出，我仔细在灯光下寻找痕迹，用眼镜布擦拭干净，居然没有找到"证据"……跟老公交换了个眼色，他心领神会地说："就算你把眼镜弄好了，你倒说说看这件事上，你犯了多少个错误？"

"眼镜不戴的时候没放到眼镜盒里，这是第一个错；明明自己错了，还要把所有责任推卸给同学说他在你桌边玩，这是第二错；第三弄坏了眼镜没有及时告诉家长；第四在语文课上修眼镜，不认真听讲；第五用对眼镜有损害的方式修复；再说了，就是因为你写字看书姿势不好，才会戴眼镜的……儿子，这件事你好好想想。"

是啊，小男孩的成长，时不时让人崩溃。什么事在他身上都"无所谓"，什么时候他才能真正把自己三分三管牢呢？

幼稚的天真

晚饭间，我跟儿子说道："天天，妈妈不要求你拔尖，但怎么着'肩膀'这个位置总要有吧，肩膀嘛，也就第十名左右。可你倒好，我看你这个学期成绩简直下滑到大腿了。"

儿子不服气地说："妈妈，大腿不至于吧，我觉得腰这个位置还是有的。"

我说："就已经在大腿了，再下去你要到脚踝去了！"

儿子急了说："腰没有，小弟弟这个位置总有吧！"

我的神啊，救救我吧！

掉牙

晚餐的时候，儿子吃着吃着忽然说掉了一颗牙。于是摸索着从嘴里拿了一颗牙出来。我一看，不由得想到了自己小的时候。按老底子的习俗，小孩子换牙，掉下来的牙如果是下排的就要跑到室外，立正、蹦三下，然后将那颗牙抛到屋顶上；如果是上排的同样立正、蹦三下，把牙扔到床底下。于是，我连忙问儿子是上面的还是下面的。儿子说是下面的，我说："好，等下回家路上给你找个矮房子去……"

说实话现在都高楼大厦了,找个能扔到房顶的屋子还真难。好不容易在快到家的时候发现路边有一排一层的小商铺,因为临近春节都关门了,于是让老公带儿子下去,履行仪式。我坐在车上,看着一大一小很严肃地说了两句,儿子并拢脚,念念有词,然后将牙齿抛上了房顶,老的习俗就此传承。原来儿子真的大了,我也渐渐老去……

开始懂事了

忽然想起儿子小时候的两件事:一年级的时候检查他的暑假作业,翻到中间的时候差点晕倒——7月42日?于是把儿子拎过来,让他看看自己的作业,儿子来来回回看了很多遍,一脸无辜地说:"没有错啊?",我忍无可忍对他说"我活这么大,可从来没过过7月42日!""噢……"儿子这才恍然大悟。

有一段时间,我妈住在上海亲戚家里,我叮嘱儿子今天要给外婆打个电话,特别叮嘱道:"上海的电话要加区号的噢,021。"过了会,我又问儿子,电话打过没,儿子支支吾吾说:"打是打过了,不过我刚才不小心把021拨成120了……"我的神啊!

今年春节过后,儿子好像突然懂事了许多。昨天我们一家到湖州玩,晚上住在宾馆里,可能是当天吃得太多了,而且晚上还吃了一盒冰激凌,儿子睡到半夜,忽然跑到卫生间,待了好久。我过去敲门:"天天,怎么了?""我肚子疼。""要不要紧啊?""没关系的。"过了会儿,儿子病恹恹地从卫生间里出来,躺了没几分钟,又起来匆匆去了卫生间……来回折腾了好几回,当我再次来到卫生间时问他:"妈妈帮你倒点热水喝好吗?"儿子说了句话,差点没把我噎着,"妈妈,麻烦你了噢"……

是样品，不卖的

儿子一个人睡在楼下，早上起床还是要叫他的。

我来到他床边，看到他熟睡的脸红扑扑的，还肉肉的，忍不住捏了几下。"天天，起床了。""嗯嗯。"儿子挪揄着，"快点，起床了，是你让我叫你的噢"

我顺着儿子的脖子，把稍凉的手伸进了被窝，滑到了他肚子上，像拍西瓜一样拍了两下，说道："呦，这西瓜多少钱一斤啊？"他朦朦胧胧地说："是样品，不卖的！"

我们在路上早上通常听《交通 91.8》，他们有个 86590110 空中特勤热线，儿子最早听说的时候，老问我："妈妈，特勤热线是不是特别勤奋的热线啊？"

长大

早上刷牙的时候，好像听到卧室门响了一下又没了动静——儿子小时候经常起床后就挪到我们的房间，也不吵我们，就一个人径直像小皮球一样在门边玩，玩得无聊了才会攀爬到我床边，用胖胖的小手摸摸我的脸："妈妈，你们什么时候起床啊？"好遥远、好温馨的记忆啊，儿子长得真快。

想着想着不由回过头，果真是儿子来到我们房间。由于有刚才的回忆，忍不住拉儿子过来。哇，儿子的高度已经到我鼻子中间了。忍不住抱了抱他。别看他长那么大个子，还是小孩性格，每次刷牙洗脸总是马马虎虎，特别是洗脸，总是用"干洗"，随便脸上抹把水，然后就用毛巾擦，因此脸经常洗不干净，甚至眼角还有眼屎。于是我打趣道"嗯，今天的脸洗得比较干净，我再看看，前天的眼屎有没有洗掉？"

孩子的成长是个不可逆的过程，珍惜我们记忆中的每个片段，也珍惜正在经历的每个瞬间！

新学期新环境

搬家了，一切都在适应中。儿子在经历了这个假期后懂事了很多，第三年的长途自驾游，又为他的经历增加了财富。新学期，新气象，他也暗暗开始自我约束。

周六搬好家，当晚就住在了新宅，周日一早，请他为我们配早餐——阿姨烧了一锅粥，我给了他20元，让他去买早点。刚搬过来不是很熟，他走到大门口，径直问保安，哪里有卖早餐，保安为他指了路（欣赏他这种自我解决问题的能力），本以为他会给我们买油条，哪想，他回来买了茶叶蛋、锅贴和小笼包——还挺会当家的。

开始了两天半天适应性的学习，第一天回来问他，今天都做了什么？他抓耳挠腮的一个一个想，中间还没有逻辑，没有重点，我们就告诉他，5年级了要学会做点小笔记，摘录些重点。当天回来穿上新校服，很有阳光少年的味道，赞一个。

昨天发新书，给他留了100块钱，让他自己去备齐所有需要补充的学习用品。他和阿姨两个人到超市，他做主，阿姨跟班和付钱。买好学习用品后，他说："阿姨，我们买些菜，买些熟食吧。"然后就给爸爸买了喜欢吃的牛肉，给奶奶买了喜欢的香蕉，给自己买了一种新的面包，今天早上吃面包的时候一个劲儿地称赞说这个面包味道真好，吃得津津有味！（很多时候我们总想为孩子考虑很多。其实我觉得让他自己去准备，去做，去买，他才会更珍惜自己的劳动）最后花了98.35元——回家看了小票，我说你算得这么准啊。他说："本来还有一袋零食的，不过超出了100，我就没要。"恩，不错，懂得预算的重要性，懂得取舍的时候先放弃自己的东西，心算也不错哦。

今天第一天正式上课，早上背了两遍宣誓的内容。我给他提了一个要求，因为英语基础相对较弱，希望他在新学期英语要迎头赶上——要求不高，达到平均分就可以了。听班主任说，他们英语老师很有一套，班级的平均分经常比有些学校班级的第一名成绩还好，这样到了平均分，岂不就是长进大大的，哈哈哈，他听了很受用，乐颠颠地上学去了。

育才附小一周

人生就是不断地选择，每一个选择背后就是新的选择组群。不要沾沾自喜你的某一个选择，也不要耿耿于怀你的某一次顽固。存在就是真理，坚定地走下去，理智地去纠偏。成功本就是一个宽泛而快乐的概念。

儿子开学有一周了，这一周是我们适应新家的一周，是儿子适应新学校环境的一周，也是我适应新选择的一周。

育才在教育方式上是与原有学校有所区别的，例如强调预习的自主性、目的性和习惯性，带着问题进入到新课程的学习；这里的作业是有一定的弹性的，按照自己的学习能力进行选择；作业的内容是综合的，例如开学第一周数学学了小数的乘法，老师布置的作业是跟家长一起去超市购物，观察物品价格，了解生活中小数的乘法，写一篇 500 字以内的周记。育才的老师是非常敬业的：他们通过班级即时通信平台，让我们了解学校的资讯，学校倡导的教育理念，老师的教学思想等等。从这些角度来说，都是我很欣赏、很喜欢的教学风格和教学手段。从儿子的角度，我发现他也有所变化。周六带他去新华书店买书，他忽然手拿一本《教师手册》问我可不可以买，我很惊异，本能地说不行啊（传统的教育种下的根，教师手册应该是老师的"秘密武器"），后来听儿子说，其实他想买一本英语的教师手册，因为英语有点听不懂（听完这话，我心里其实挺高兴的，儿子开始认知自己的不足，并寻找解决的方法）。每天放学回来，他依然像原先那样很开心，但是要让他具体讲讲学校里发生的事情，他总不是很情愿——问一句，答一句，每每此时，我就很羡慕女生的家长，回到家，孩子会把学校里发生的事情非常详细地描述下来。当然，也有可能，男孩子本身就是这样粗枝大叶，甚至觉得自己都能"搞定"——我希望儿子适应，快乐就可以了。

下面说说我的问题。老师让孩子写个自我介绍——那天儿子回来没有说这件事的，我第二天在 QQ 上了解到，问儿子，他回来为什么没说有这个作业。儿子想了一下说不是每个人都要写的，要竞选班干部的人才需要写。听了这话，我有几个担心：一是儿子有时注意力不集中会漏掉作业；二是儿子一直就是个自我约束力较差的孩子，到现在没有承担过"领导"角色，所以骨子里一直觉得自己就是个"被管理者"，一碰到要竞选班干部什么的他马上过滤了此信息。三是在看到了同学们的自我介绍后，又发现，大多数同学之前都是班干部，学习委员，课代表；课外又是钢琴、舞蹈、奥数、围棋、象棋……反正就是多才多艺，我自己顿觉压力啊——要知道我一直坚持的是儿子不上任何课外辅导，认真学习，多多阅读，行万里路。迄今为止，我仍然觉得自己坚持的是对的，但是人总是容易受环境的影响，给自己施加压力。有时，我又想，儿子就是这样快乐又没心没肺地学了 4 年，"没添过任何料"自己考进了育才，是不是意味着他是一块"璞玉"，未来会有更强的爆发力呢？（先阿 Q 一下，谁让儿子和他妈都有这么好的心态呢，特别表扬一下自己在过去对儿子多年进行的乐观主义教育）

愿儿子做个快乐的"小兵"，紧跟队伍的步伐，积蓄能量，慢慢爆发（个人觉得男孩子到初二下、初三上爆发比较好），依然快乐地偶尔也稀里糊涂地长大。再阿 Q 下，要知道，有充分的群众基础，被各种各样的小干部管理的孩子，以后当起"大领导"会更懂得百姓的，哈哈哈哈。

以下也想分享给所有家长，所有朋友：

1. 人生就是不断选择，每一个选择背后就是新的选择组群。当你选择送孩子去一个更有竞争力的学校的时候，你和孩子都会面临新的压力，后面还有很多的选择，包括孩子的适应度。

2. 不要沾沾自喜你的某一个选择，也不要耿耿于怀你的某一次顽固。

3. 存在就是真理，坚定地走下去，理智地去纠偏。成功本就是一个宽泛而快乐的概念。已经选择的东西，就不要回头，去假设如果怎样就怎样，而应该去面对，思考在这种选择下怎样做得更好，对得就要坚持；错的就及时放下。

理发

昨天儿子去理发。

儿子："给我剪一个短一点的头发。"

理发师："短发有很多种的。"

儿子："就那种一把抓不起的。"

理发师："你是育才的吧。"

品牌的力量啊……

对比

现代孩子几乎都是独生子女，父母在判断孩子好坏（优秀与否）的时候往往很难找到直接的、客观的参照物。今天，一个偶然的机会让我看到了孩子身上的问题。

上午，一个同学的妈妈在家长群里要英语阅读资料，刚好我身边有，就将文件传给了她。文件刚传完, QQ 对话框跳动起来, 我一看写着: "谢谢阿姨", 就很好奇, 问道: "小赵, 是你在线啊, 不是你妈妈?" 他说"是的, 我用了妈妈的 QQ。" 于是, 我就问了他几个关于这周作业的问题。然后就发生了以下对话:

他: "阿姨, 小郭奥数都会做吗?"

我: "有些也不太会, 我们跟他一起讨论, 你呢?"

他: "阿姨, 小郭英语都会做吗?"

我: "英语, 你是指现在看的动画片和英语阅读的内容吗?"

他: "我也不怎么会做, 很苦恼。"

我: "有些困难的。"

他: "是的。"

我: "你不要急, 其实到一个新的学校都有一个适应的过程。"

他: "不能不急, 已经 4 个星期了, 谢谢阿姨的安慰。"

我: "相信很多知识经过积累, 后续就会有很大的进步的, 小郭现在也在适应中。"

他: "哦。"

我: "没关系的, 大家一起努力, 我觉得你已经很不错了, 小郭每天回来乐呵呵的, 无心无事, 有时还稀里糊涂的。有的事情不能急, 找到方法就好, 加油啊!"

他: "谢谢夸奖, 您过奖了。"

……

他: "阿姨, 我要下了, 我要看英语去了。"

很短的几分钟对话, 给我印象非常深刻的有三点: 礼貌、自律和认真。反观儿子, 作业少抄漏抄是常有的事情, 有时提醒了还不当回事。小赵同学没有拿到英语阅读资料就会自己去找，自己规划学习上的事情。对话间所体现的成熟和礼貌也让我感动，学习上有一定的困难会自己着急……这些都是儿子身上非常欠缺的。

正如刚刚看到的老师发来的一段话——自我管理的实质：自定目标，自找办法，自己评价。重点培养孩子的四个习惯：自己的事情自己做、用过的东西放回原处、做事情有计划、坚持每天锻炼身体。

我想，下个阶段抓孩子的学习习惯又有新的方法了，哈哈。

不小心

今天开学第一天，早上 6:30 第一次叫儿子，"天天，起床了！"他应道"再睡 5 分钟。"5 分钟后，我再叫："天天，起床了吗？"儿子说："哦，我不小心已经起来了"吼吼吼，我连忙跑到他床边，打趣道："你怎么这么不小心啊。"

最喜欢儿子这种幽默的情结，不枉我每天给他讲个笑话，这 4000 多个日日夜夜的积累啊，哈哈哈。

今天演哪出

我经常跟同事、朋友说在我所有的社会角色中，天辰妈妈是最有压力的一种称呼。如果你希望孩子保有一些你希望的或者说认为正确的性格、观点，你必须承担由此带来的"不随大流的压力"。

不过，孩子绝对是个开心果，让你对每一天都充满了期待，因为就我们的传统思维真的无法想象他每一天或下一刻会创造出什么惊喜与尴尬。我每天下班路上都觉得是要回家"看电视连续剧"了，永远也猜不出今天他会演哪出戏。

看电影

昨天晚饭，老公说最近有两部不错的电影，就邀请儿子道："要不要带你看啊？"儿子先是问了什么电影，讲的是什么，然后就对他爸说：

"我现在不能回答你，星期五告诉你吧。对了，你最好周四的时候告诉我哪一部票房比较高。"

我一听，彻底晕倒说："你以为你老板啊，现在不能回答要等周五？还要属下为你提供数据。"

真不知道他脑袋里想的啥。

找酒店

我们每年都会进行为期半个月、行程近万公里的自驾旅行。2011年走了西南线，中间很长一段路在川西与西藏间穿行，进入川西以后住宿条件明显变差，所以我们通常会根据攻略选择酒店，然后到现场考察。每次选住宿都是我跟儿子去的，儿子去了几次后，有一天他主动说今天由他来选择。其实在这种沟通中，"发问技巧"是很重要的，那天我看到儿子娴熟地将我的"四问"技术演练了一遍：

1. 请问，有没有房间啊？（先要确认有房间，没有就掉头。）

2. 能不能让我们看一下房间啊？（在川西很多房间的卫生状况超出你的想象，一定要看过，如果觉得还满意，问下一个问题；如果不行就退出。）

3. 这个房间多少钱啊？（有意向了才讨论价格。）

4. 能不能便宜一点？（很多地方都是可以商量的。）

其实很多时候解决问题都是有方法的，沟通的核心是要会正确的发问，它包括问的内容、问的顺序、问的语气等等。儿子在自驾旅行过程中学会了跟各式各样的人打交道，也学会了沟通的基本技能。

这四个问题是有逻辑顺序的，如果没有房间，价格就是白问；如果一上来就讨价还价，等价格砍下来了，一看房间，你还不后悔？

最好的能力培养是生活中的培养，最好的技能训练是言传身教。

通鼻孔

今天去超市，儿子执意要买桑葚，说是有同学带到学校里特别好吃，遂买之。回到家，凉水浸泡过后开吃，爷爷电话过来说，这个东西不能多吃，吃多了会流鼻血。儿子说"噢，原来桑葚有通鼻孔的作用。"——天哪，谁没事用桑葚通鼻孔，通了后还流血啊……

小小义工

有一天儿子回来趾高气扬地说："这个星期六不要给我安排活动，我有重要的事情。"我就问："儿子，啥事这么重要啊？"儿子说："做义工，维持秩序，带小朋友去指定地点参加活动。据说做义工中午有肯德基吃。"

因为当义工 6:30 就要去学校，所以前一晚我跟儿子说，明天我不叫你的噢，自己起床，因为那是你的"私"事。虽然嘴上这么说，我还是偷偷地把闹钟定在了早上 5:30。5:20，就听儿子在门外说，还好，我一个翻身觉得差不多时间到了，就起床了——我拿手表一看 5:20，心想：这小子平时没心没肺的，关键时刻还挺认真。男人，就该是这样。

人还没回来呢，本周老师布置的作文题目就是"写写做义工的心得"，回来看他有啥心得。

老师，对不住啊

五年级语文课本里有篇文章《桥》，大意讲的是洪水来了，即将把桥淹没，老书记以共产党员的身份以身作则，让群众先过桥，最后只剩下他跟儿子，父子情深，他将儿子一推让儿子先走，可是桥轰然倒塌，最后他们两人都牺牲了。公开课上，老师提问："这个片段说明了什么？表现了什么……"传统教育下的我们都懂的。我家儿子积极举手，上来一番雷人语录，"我觉得老书记的做法是不对的，在桥岌岌可危的状况下，老书记推了儿子一把使得桥的受力点发生变化，加剧了桥的倒塌。"

重要的是，那是一堂公开课，讲课的老师以及在场听课的老师瞬间"石化"，儿子啊儿子，这是语文课，又不是科学课。儿子振振有词地说："我觉得任何学科都要严谨……"

老师，对不住啊，您多包涵。

（这是后来语文老师告状时我才知道的事）

粗心，态度乎，能力乎

我小的时候，老师给我写的评语通常是该同学做事认真负责……很长时间我都以为老师对所有同学都是这样写的。曾经我们认为"认真"是一种态度，其实不然，久而久之的"认真"最终会变成一种"做对事的能力"。同样，我们通常会认为"粗心"是一种"态度"，态度通过不断积累逐渐变成一种"能力"，所以粗心也是一种"能力"，最终会变成一种"习惯"。粗心的能力被不断强化以后，认真的能力就逐渐退化。

每每看儿子订正试卷，在错误原因上他基本描述的是"粗心"——漏题是粗心、看错数字是粗心，明明想着A，选了个B是粗心，没写"答"是粗心，少过程步骤是粗心，计算对了，答题上抄错了也是粗心，审题不细也叫粗心。呜呼哉，不要在粗心的幌子下，让任何问题都藏匿起来。举个例子：审题，粗心的人审题就看个题目就动手做了；认真的人会仔细读题，思考老师要考什么知识点，这个知识点的重点是什么，容易犯的错误是什么（当然这一系列问题在他长期的训练中可以表现为一闪而过。）然后再下笔，所以他的精准度就非常高。表面上两个孩子表现出的是"粗心"和"细心"的差异，实际上长期的积累以后往往会产生巨大差异，也就是前面的孩子属于"点式思维"，而后者表现为"立体思维"，考虑得非常周全。

现代社会，孩子们之间智力上的差异非常小，而真正拉开距离的就是一种"认真"的能力，细致周全的思维和踏踏实实的态度。

好的

一直以来，儿子在学校里不是"省油的灯"，不过他每天都很快乐。

每每下班回到家问儿子："今天怎么样啊？"他都说好。除非有一天回家特别晚，他才会支支吾吾地说今天发生什么事被留下来了，然后呈无比悔恨状。

一上饭桌，他又欢乐无比。他真是一个发自内心的乐天派。当然，这是我想要的，也是我十二年来最有成就感的。我跟老公的性格都没有这么乐观放得下。但我两加起来 80 岁的年龄和 42 年的阅历告诉我们：强大而乐观的内心是最重要的，毕竟人与人之间的智力相差不了多少。

乐观和不在乎背后，也隐藏了很多危机。他对很多东西都不在乎，做事也马马虎虎，能偷懒就偷点小懒。这在以精准为目标的现代学习制度下就会有压力。另外，当粗心成为一种能力的时候，认真这种能力就会逐步丧失。

有时在想，他为什么什么事都说"好的"，终于在昨天找到了答案。婆婆打电话给老公，问了些日常的事后又问到"天天今天好不好？"老公自然地说

"好的"。我妈打电话给我,说完了今天干了什么,吃了什么以后问到"天天好不好?"我也很自然地说"好的。"

挂了电话,我问老公,"你为什么说——好的?"老公说:"是没什么事啊,也省得老人们担心。"我也是这么想的。难道,儿子也是这么想的吗?

今年,儿子在面对"错误"或者"问题"的时候,态度转变了很多。原先,他总是要就一件事做 N 多解释,以表明错不在他。而现在他会说"恩,我知道了……"希望这是一种成熟的表现。

有意无意,我喜欢用生活中的或社会中的一些行为去影响他。也许有些东西,我在内心也看得不是那么重,或者没有心态那么重。

关于吃

儿子是个乐天派,也是个开心派。国庆长假,家里阿姨提早回去了,我们要自己张罗日常生活。昨天放学,他回家后说肚子饿了,自己烧了荷包蛋,热了小馒头和红烧肉,席卷而光。

等我们到家,只见水槽里一堆锅碗。

今天周六,是上班上学最后一天。我们还没醒,就听他蹑手蹑脚地在刷牙洗脸了,过了会儿,他来到我们房间问:"我准备烧拌面,你们要不要吃。"我还没睡醒,就说让他自己吃。等我起床,发现他已搞定吃好,看着课外书等我们出发。不错,真的长大了。

儿子对于吃,几乎是来者不拒。我觉得这样很好,开放而不挑剔,才能吃遍天下美食。每次他吃饭,总是会给烧饭者无比欣慰,那种狼吞虎咽,能给"厨师"多大的激励啊。

接下来,该让他学烧点什么呢?求大厨,带个徒弟吧,这样我就有福了,哈哈哈哈!

独生子女的欢乐游戏

儿子无聊了，一个人对着镜子玩"剪刀、石头、布"。

点名老公做裁判，这要多高的智商才能判出胜负啊？

只见儿子站在镜子前，左手伸出五指做出"布"的样子，五指紧贴镜子。右手在镜前伸出"剪刀"，"耶，右手赢了！"

神奇的游戏，神奇的玩法

斗智斗勇

每个孩子都有对电脑超级热爱的情结，每个父母都有与孩子斗智斗勇的故事。

我以儿子的名义买了个 IPAD 智能平板电脑，从此他开始对 IPAD 不离手。为了加以控制，由我们来管理密码，他负责管 IPAD。于是乎，经常是他拿着 IPAD 找我们输密码；我们到处翻箱倒柜找他藏起来的 IPAD。

因为看 IPAD 需要有一定的附加条件，儿子经常做不到，于是又将目标转向我们的手机。经常是我们手机刚放下，一转眼被他给顺走了。有时我们找不到手机，拨打号码才发现手机在熟睡的儿子的枕头下。为此我们又开始不停地换屏保密码。暑假的时候，他一个人去打羽毛球，为了联络方便，给他一个闲置手机用，每天在无线网络环境下看小说就成了他的最爱。开学后我自然将手机收回，听阿姨讲他翻箱倒柜找了好几次手机。当然，他看看微博，了解一些资讯我还是支持的。

儿子最近迷上了仙侠小说，到处在网上搜索，经常要等待更新。老公白天把家里的电脑挂机，并设置了定时关机。每次他早上一出门，儿子就偷偷坐到电脑前过几分钟的小说瘾。有天老公回来，从浏览痕迹上发现儿子又看过电脑了，很奇怪，难道他已经知道了密码？后来把儿子叫来一问，原来他早上乘老公出门，把定时关机给取消了，放学回来看了电脑，但是听到我们回来，来不及进行无痕处理。

有一天早上起来，阿姨说儿子昨晚"梦游"了！——原来，儿子半夜里上厕所，忽然灵机一动，准备看小说，刚看了 5 分钟，阿姨也起来上厕所，一开门，儿子连忙把显示器关了，阿姨借着夜色觉得刚才一亮，忽然一暗，还有个人影，以为进小偷了。开灯一看，原来是儿子坐在电脑前。

每个孩子成长都有一个过程，我们也一直这么乐此不疲地玩着"猫捉老鼠"的游戏。

活宝儿子糗事多

晚上带儿子到杭州游泳馆游泳。

回来路上，儿子"啊"了一声，我说啥事？

儿子说："刚才游泳前换衣服我好像把短裤和长裤一起脱下来的，后来游好泳洗完澡穿长裤的时候我好像又把它们一起穿上了。"

回到家，果然，他穿了两条短裤一条长裤。

我的神啊……

密码

与儿子斗智斗勇噢。儿子一早就偷偷起床玩电脑，待我醒来估计他已经玩了很久，生气，加屏保，设密码。中间他要做小报，给他输密码，那时我正在洗衣，要求他回头，输好密码后让他来用，许久他悄无声息，然后说："妈妈，3 个字母，2 个数字有多少组合？"晕死，手上带的水印留在了键盘上……

暴打

把臭儿子暴打了一顿，因为他的磨蹭，因为他什么都管不住；把眼镜打坏了，把尺子打断了。再屁颠屁颠地带他配眼镜、买尺子。

微型家长会

儿子："妈妈，星期五您有空吗？"

妈妈："什么事啊？"

儿子："学校要开微型家长座谈会！"

妈妈："什么叫微型家长座谈会？"

儿子："就是只有老师，你和我参加！"

倔强与迂回

老公出差，儿子有点"山中无老虎，猴子称大王"的味道。

我刚到家，儿子居然以"查语文资料的名义"请阿姨开启了电脑，走近一看页面停留在"陈逸飞"那里，再仔细看，页面中还开启了他最近着迷的网络仙侠小说。我忍了忍，没说他。

阿姨开饭了。早上我交代阿姨晚上喝粥，儿子依依不舍离开电脑，一看热气腾腾的粥，就开始抱怨"这么烫的粥，我等下再来吃。"就顾自回到电脑前。这时我真的生气了，第一，抱怨在我面前是要坚决被打击的；第二，家里的传统就是吃饭就要大家都上桌，长者先动筷子；第三，不劳动的人是没有资格批判饭菜的好坏和冷热，要保持对辛勤劳动者最基本的尊重。于是我说："你不吃就不要过来吃了。"儿子嘴硬道："不吃就不吃！"后来我跟阿姨吃好后，阿姨还是走过去让儿子过来吃，他依然倔强道："我不吃！"，我示意阿姨别理他。

　　过了十几分钟,儿子开始翻饼干,阿姨再次给他台阶,"去吃吧。",儿子依然倔强的坚持。我管自己看报纸,不理他。过了会儿,阿姨也回房间看电视去了。

　　此时,儿子开始翻冰箱,乒乒乓乓声响。就听得他在厨房开始点煤气,打鸡蛋……我借着倒茶去厨房瞄了一眼,小子自己在煎锅贴了。这倒好,平时教他的一些"厨房功夫"他还挺有用处。过了会儿,我听到很响的"呲呲呲"的声音,跑到厨房一看,他像模像样地把油加热好,锅贴在平底锅里铺好,直接盖了锅盖开始大火烧了——其实我会在此时往锅里倒一碗水,等水基本烧干就可以把鸡蛋打下去。儿子以前光注意了开头和结尾,把这个环节漏了。我顺势道:"笨蛋,水有没有加过?来一碗水。"他乖乖的,抖抖地往锅里倒了水,有一半还抖在了外面。我顺便交代:"要等下水烧干,才能打蛋下去,大约六七分钟。就离开了厨房。过了会只听他在那里又是一阵乒乒乓乓,然后把我们刚才的饭菜又自己端了出来。

　　吃了两口,他说"妈妈,过来尝尝我烧的锅贴。"又叫了阿姨也过来尝。算是一并找个台阶下了。哎,这个年龄的孩子已经开始有自己的倔强了,这对家长是个考验。既不能硬碰硬,也不能没原则。既要给台阶,也不能随便给或不合时宜的给。倔强之后也一定要会自己找台阶。

　　虽然是个小插曲,刚才彼此也有些生气,不过儿子借此事又实践了一次"厨房技能"这也算是额外收获吧。我小时候也是这样,看着爸爸妈妈烧,觉得自己就会了,可真正烧的时候,会发现遗漏了重要环节。只有实践才能知道问题在哪里,也希望儿子在这种实践中生活技能越来越长进。毕竟自己会动手就不用求人了。

臭儿子，慢点

一定要说一下臭儿子带给我们无限的欢乐。这一年（2012 年），他像小树苗一样拔高了，迅速超过了我，大脚也到了 42 码，跟他合掌，他的手已经超过我一个指节。但是他依然喜欢趴在地上玩；依然在泳池里沉底、跃起、欢乐地嬉戏；依然会少抄漏抄作业；依然会左手跟右手下棋，对着镜子玩石头剪刀布。不同的是，出去旅行最重的背包他来背；早上起

来烧拌面会敲门叫醒我们问要不要吃；跟奶奶外婆出门会主动地搀扶；不再喜欢玩游戏而喜欢看网络小说；开始要求我们要"以理服人"。儿子大了，羽翼逐渐丰满，对我们的依赖越来越少。曾经希望他快点长大可以恢复自由的我们反而觉得尚未做好准备，一切就已发生。长大就是这样，你如此渴望它的到来，而当它悄然而至的时候你又开始犹豫了。抓着青春的尾巴，拽着那个臭小子，告诉他慢点……

货币战争

傍晚时分,儿子打电话给我说:"妈妈,我在新华书店看到《货币战争4》了,要不要买啊?"很骄傲,儿子在11岁的年龄已经看完了《货币战争》前三部,一定有很多囫囵吞枣的地方,但这种阅读一定会对他的世界观的形成带来潜移默化的影响,有没有比他更强的小读者。

胸有春笋

要考试了,我对儿子打趣道:"你,胸有成竹了吧?"儿子思索了下说:"我胸有春笋。"老公来凑热闹"春笋还好,能冒出来,是冬笋就糟糕了。"——在我们家就是这么一个欢乐的氛围,谁都不忘记互相"怼"一下。

竖笛

晚饭后，儿子拿着 IPAD，拿着竖笛一个人在房间里琢磨歌。

我们在客厅里听到断断续续的音乐声。

我："儿子，你是不是在吹《西游记》啊？"

儿子："不，我在吹《风吹麦浪》。"

老公："我觉得也像《西游记》。"（我们俩确实挺会"打击"儿子的。）

我："儿子，《风吹麦浪》挺好听的，可惜我们还不熟，听不出来，你换一首吧？"

过会儿，真来了首耳熟的歌。

我："儿子，是《贵妃醉酒》吗？"

儿子："你听出来啦（惊喜状），是《新贵妃醉酒》。"

我："噢，听出来了，就是这贵妃多喝了两口。哈哈！"

儿子："妈妈,你太……"

其实，挺喜欢儿子这样独自琢磨，自己尝试的做法。我想，这也是一种兴趣培养的方式吧。

反正，我自己是从小没上过兴趣班，30 岁的时候忽然发现自己临摹卡通画不错（创作不行的），32 岁学游泳，33 岁学古筝，能够跟着乐谱弹出老公儿子都听得出的歌就很满足。所以我一直觉得，孩子没必要在他最绚烂的童年学这学那，但需要培养他哪怕成年后也不断学习的乐趣。

歌神

我："知道这是谁唱的？"

儿："张学友吧？"

我："对，知道人们怎么称呼他吗？"

儿："歌王？"

我："歌神，知道他几岁了吗？"

儿："五十二三岁吧。"

我："你怎么知道？"

儿："1/2 世纪演唱会都唱了好几年了。"

我："（非常惊异，这都知道）你觉得他唱得怎么样？"

儿："（听，沉思）吐字还清楚的，就是平翘舌音不太准。"

拐翻……

神药

最近每天让儿子念叨"让周围的人快乐，你就可以获得更多的自由与快乐"。

一日两贴，早晚服用，哈哈哈！

此药补气，补信仰，可以长期服用。

阅读

暑假第一天儿子到市民中心图书馆借了 9 本书，《隋唐演义》《二十四史故事》《中国通史》《俄罗斯散文经典》《北中国的另一种时间》《圣山下》《朱自清经典作品选》《刘白羽散文》《名家美文》旅游卷。估计能看个 20 天，关于阅读，孩子早有自己的观点，我们只要求内容积极、正面、优美即可。

梦想

我有一个梦想，4 年后儿子进入心仪的高中，住校，并且能搞定自己的事情。我和老公就辞职，用一年的时间环球旅行。

这个梦想，我跟儿子说过几次。

昨天回家，我正式跟儿子说了。

我："儿子，我有个环球旅行的梦想，你知道的噢？"

儿子："嗯，知道。"

我："那我需要你资助些……"

儿子："钱吗？不够的话，我的压岁钱都给你好了。"——噢，喜欢这种大气。儿子看了不少财经方面的书，对财经的大概念有一些了解了，但对实物的"钱"一点也不计较（喜欢这种大度，男人如果计较小钱，未来就成不了大器。）

我："噢，不，不是钱的问题，我需要一种能力。"

儿子："噢，知道了，我自理的能力。邱老师也说过了，如果到那里不守纪律，会叫家长去，还会不给住校，要走读的。"

我："对，是的，你的自我管理能力，以及自己与老师的良好沟通能力。"（到那时，我不知道在哪个国家，老师一个电话，我也不一定能赶回来啊！）

儿子："哦，知道了。"

我："那你会给我们机会吗？"

儿子："我努力吧。"

我："假期的时候，也欢迎你飞到我们所在的国家来度个假啊，嘻嘻嘻。"

这是一种与梦想有关的对话。

我喜欢以这种方式告诉儿子我的期许同时也获得他的承诺。另外有个很重要的原因，现在家长一定要关注。我们的孩子是有担汝能力和责任心的，而他们对自己的事情有时会马马虎虎，但对于"能够帮助到别人或者能够帮别人实现梦想方面他们反而会更约束自己"。

记得2011年4升5考育才前，我跟儿子说的话是："儿子，我很想搬家，换个地方住住，不知道你会不会给我这样的机会噢？"儿子的回答也是："我争取吧。"

独立与承担

时间飞快，转眼快到3月末了。没有阿姨的日子生活也变得格外紧凑：应该说这两个月都在重构家庭新秩序。

1. 儿子更有担当：每天放学回来第一件事是淘米烧饭。臭儿子是属于不能一次性交给他很多事情，如果你只交给他一件事他能做得相当好。周末，儿子还要承担拖地的职责，感谢公公，一听说儿子要负责拖地，马上送了他一个旋转拖把。下了班回到家我急匆匆地准备烧菜，此时儿子也经常会过来剥个笋，择个芹菜，感觉一下子懂事了不少。想着今年暑假有机会送儿子到"三替班"学习，应该学点家务活以及烧菜，这样我就可以提早享受享受了——当然对他来说也会一辈子受益。

2. 学习变得认真。整体感觉，这个学期的语文和英语的课堂笔记开始认真记了，当然跟很多同学还是没法比，只要有认真的态度我就开心。臭儿子一直散养惯了，我已经尽最大的努力给他快乐而没有培训班的童年，这么坚持了六年也不容易。现在，什么东西都有激素，教育激素也比比皆是。儿子，没有添加剂的你继续加油，我看好你。

3. 两个考试。上上周参加了"走美杯"和"希望杯"的考试。走美成绩还好，希望杯意外没有进二试，儿子自己的解释是那天肚子不舒服，有些小小的遗憾。我想，这对他是好事。

4. 特别任务。上周，给儿子布置了个作业，把新任国家领导人列表，列出姓名、性别、年龄、籍贯、毕业学校、主要工作地、目前职位，并对此进行分析，但还没有完成。希望通过这个动作让他学会收集资料并且进行分析，形成自己独立的观点。大体上来说我不希望孩子从政，但必须了解政治。另外，他的分析一定很有趣，（期待啊。）今年给他订的《参考消息》阅读率不高，看样子还需要慢慢培养。

5. 心智成长。上周五下班后带儿子去老妈家吃饭。老爸去世后，我一直有点担心老妈的日常生活。一方面老妈节俭惯了，怕她在饮食上不好好照顾自己；另外，说实话，一个人吃是很难烧的。菜多吃不完就老要吃剩菜，菜少又缺营养。老人有时也像孩子一样让人操心。那天吃饭，我批评老妈买的春笋太老了，鸡炖得太干了。此时儿子马上站出来说："外婆，妈妈太挑剔了，我觉得您烧得很好。"转而又婉转地说："外婆，我觉得您这个鸡炖的时候如果再放多点水就更好吃了。"——很开心，儿子懂得维护外婆了，而且明显说话的技巧也很到位，真是长大了。回来的路上我深深地检讨了自己，并约定以后更多地由儿子给外婆灌输健康理念。另外就是，老妈专门给我们准备了椰子汁，我现在习惯性看下保质期，发现过期半个月了，我说这个不能吃了，老妈马上夺过去说就几天没关系，我还特意省给你们吃的。我说不能吃，儿子来打圆场说，"外婆，这个最好不要吃，您吃的话我跟您吃。"——回家路上儿子说，"如果过期了一定要吃，外婆年纪大了，吃了就更不好，还是我们吃比较好。"当然以后要告诉她一定要看保质期，不要老是想着省给我们吃。儿子真是懂事了。

6. 网络写手。周五晚上回到家，看湖南卫视，刚好是《天天向上》，这期节目专门请来了网络上的热门写手，4 个人到目前版税有 9000 多万。这节目一出来，儿子就凑热闹了"唐家三少""骷髅精灵""我吃西红柿""天蚕土豆"的作品他都看过，我真是无言啊……要知道他都是偷偷摸摸顺走我的手机，或者以查资料的名义开启 IPAD 在网上十分钟、十分钟的挤出来看的，居然"如饥似渴"地都看完。这件事让我很矛盾，一方面爱阅读是好事，但儿子现在上网就喜欢看这些，我总觉得有些问题，怎么办呢？

拖地里的智慧

继淘米烧饭成为儿子的固定职责后，扫地拖地也正式成为他的工作。但每每拖地时，他还是喜欢叽叽歪歪，偷个懒耍个赖。

他第一次用爷爷新送他的旋转拖把拖地时那是相当兴奋，动作也是极其标准。为此，我专门给他拍了照，发了微博，微博上是这样描述的："幸福就是我跟老公坐沙发上，看儿子拖地，然后还指指点点的，那个，未来的儿媳妇，婆婆正在帮你打造好老公呢！"很多朋友看了微博后评论说我是超开明的婆婆——其实我觉得，现在都是独生子女，谁都希望自己孩子以后怎么怎么样，讨个老婆，嫁个老公能够条件好，但对孩子来说，很多家务自己会做就不用求别人。再说了，你如果想对别人要求高，你没两把刷子怎么行？

上周日，儿子又拖地。开始跟我纠缠说："我拖所有的卧室，你拖客厅餐厅可以吗？"我说："不可以，这是你的工作，不过我可以在边上给你加油！"儿子嘟着嘴，继续拖地。顺势我就问他："儿子，以后你自己结婚了，这些家务就要你们两个分工了，如果她愿意多做点，你就可能少做点；如果她也不愿意多做，那就得你做。从这个角度来说，找对象还是很讲技术的，那么你觉得怎样可以判断一个女孩子是比较勤劳爱劳动的呢？"儿子脱口而出，看她的宿舍收拾得干不干净。"我说："嗯，这是个不错的方法，不过有时宿舍比较小不一定看得出来，还有其他方法吗？"儿子又说了句："有洁癖的。"——我彻底晕翻，嘲笑他道："儿子，你找个有洁癖的，你就知道厉害了。哈哈哈，好了，这个没有标准答案，你慢慢去琢磨吧。"

我喜欢这样无边无际与孩子插科打诨，貌似不经心，但一点点给他渗透价值观和思考问题的方法。真是觉得，做一个妈妈是一件多么开心的事情。

每天下班后赶回家就忙着烧饭，说实话还是蛮辛苦的。我也一直觉得关于烧饭这事最辛苦的是我，但运行了近两个月后，我忽然有不一样的感觉。每天晚餐，看着儿子狼吞虎咽，老公津津有味的样子，并且总是把饭、菜都吃个底朝天，我忍不住对他们说："谢谢你们俩噢，这么抬举我烧得很一般的饭菜，每次都吃个光光，你们太给我面子了。"

生活中有很多的平淡与琐碎，这也许就是幸福的样子。

睡宝

今天让儿子到爷爷奶奶家，跟他约定 8：30 我打电话回来叫醒他，然后他 9 点出发去奶奶家。为了怕他听不到电话，特意把电话拿到了他床头。从 8:30 开始打，一直打到 10:30，臭儿子愣是没叫醒。奶奶忍不住了，从城西赶过来叫他，直到 11:40，才把儿子从被窝里叫醒，昨天晚上可是 9 点就睡的啊……

儿子教会我别纠结

这事发生很久了，一般人看起来也特别不起眼，但每每回味还是很有嚼头的。

儿子二年级的时候，每个学期结束进行期末优秀评比都是由孩子们先自荐的。有天下班回家，我看儿子正认真填写自荐表，报的项目是学习之星——我一看，就跟他打趣道："儿子，这个学习之星可分量不轻，你们还有什么项目啊？"儿子说："还有三好学生，体育之星……"我很好奇，"那你凭什么认为你可以报学习之星呢?"

记得我小时候，每每碰到要自荐的时候，就是最纠结的时候。心里觉得按班级甚至年级情况，我应该可以是个三好学生，但又想好像我的体育还没有最好。那就"学习之星吧"，貌似有一次小考试数学没考得最好，那就……反正在心里会纠结很久，既有对荣誉的迫切向往，又想自己报了这个项目有没有什么会被别人"笑"的地方，纠结来纠结去，心里很是折磨。看儿子如此淡定，我很好奇，因为就儿子目前的状况，远远没有当时的我优秀。

没想到，儿子的答案是："噢，表格发下来我就去问张老师的，她说我可以报学习之星。"

其实，很多时候答案往往会出乎你意料的简单，就像很多时候你的纠结是自找的，根本没有必要的。我在心里深深佩服了一下儿子。

后来在工作和生活中碰到很多事情，纠结作为本性总是第一个跳出来。但一想到儿子这件事，我就告诉自己，与其一个人纠结不如找当事人聊聊，看看他怎么看，如何能够找到推动问题解决的方案。于是乎，当你愿意与别人互动的时候，当你以推动解决问题为目的的时候，原先所有的纠结都迎刃而解。

生活中很多朋友碰到别人借钱开始纠结，借车开始纠结，暑假旅行跟学校安排可能冲突开始纠结，被人拒绝不甘心到底要不要坚持开始纠结，为了孩子读书要不要租房子纠结，租了房子要不要把自己的房子租掉纠结……反正有很多纠结的事，往往此时，回归目的，敞开沟通是最好的方法。纠结只会耗时间，耗精力。

儿子现在在处事思维上跟我越来越像，我觉得这对他未来是好事，因为我在他的身上学到了"简洁"，又将其回归了目标——现在，每当我向他指出不足的时候，他已经不再像以前那样一味强调理由，而是慢慢理性地说：

"妈妈，我承认，这是问题，那我现在还能做些什么可以弥补呢？" "妈妈，你的目的是不是这个，我们围绕目的来谈……" 看着他还显稚嫩的脸上，忽然蹦出这样的句子，我在心里想笑。

旅行中的故事

1. 我们一家三口去拉萨的火车上，其他乘客经常会问我们是啥关系，最夸张的认为我们是大哥、二姐和小弟；也有认为我跟儿子是姐弟，老公是爸爸的。路上总是有很多欢乐。

2. 某日儿子自称自己是VIP，我跟老公不约而同道，"对，VIP——Very Important Pig，哈哈哈。"

3. 林芝出来那天早上，我批评老公，带了这么多长裤过来又不换，想累死我们啊。老公说："我是带这些裤子来旅行的"，儿子马上跟了句"这些裤子肯定是年度优秀裤子"——真服了这爷俩。

谁更有经验

儿子个子高，又比较调皮，所以在班里坐在最后一排。为了保护视力，老师布置大家调整座位。大家知道最后一排的几个高个男孩，通常比较乱，所以谁跟谁相邻是很有技巧的。基于此，老师曾经说过一句，最后一排不调整，儿子记住了。这次老师忽然全局性地调整座位，儿子就不乐意，也不配合了。在老师的单独谈心下，儿子依然不同意调整，（真挺有个性的，居然还委屈地掉了几滴鳄鱼泪。）老师将这个情况反馈给我。

晚上，我跟儿子谈心。"听说，你现在的座位是大王位，不可以动的。"儿子朝我白白眼。恶狠狠地说"已经搞定了。"我继续说"其实啊，你作为男人要宽容一些，别人偶尔说了一句话，你不可以拿这一句话不依不饶的。"况且，你当学生的经验比她当老师的经验丰富多了。这句话忽然引起了儿子的兴趣，他说："不可能！"我说："你算算。"他就开始算，幼儿园 4 年，小学 6 年，快 10 年了。我说，你们老师那么年轻，难道有 30 多了？儿子说："那倒没有。"

我说："你经验这么丰富，一定要对'经验不够丰富'的老师更加宽容些。"儿子无语。

找个机会向老师道个歉……

特别祝福

儿子终于成为中学生了。

今天第一天到校，早餐我特意准备了"大馄饨+白煮蛋"。

寓意"混沌初开，从零开始"啊！

图书归类

终于告别了小学六年，家里书可是藏了不少，一直想让儿子把书进行归类整理。

那天，老公让儿子到拱墅区同校图书馆去研究下图书馆的书是如何分类整理的，儿子欣然前往，看了半天书，回家。

老公问：图书馆的书是怎么归类的？"

儿子挠头道："从大到小摆放的。"

我们俩差点拐翻。

近期二三事

1. 发了新校服，洗了，晾在阳台上，好奇，小区走了圈。感慨，看看阳台上晾的衣服，就知道小区里有多少"育才"的娃；就跟早些年看阳台，看到"尿布"就知道家里有没有小孩一样。

2. 晚上九点多，儿子说要用"卡纸"，家里的用完了，只能到小区门口文具店碰碰运气，不错，买到了。买好和老板寒暄："这么晚了，还不关门？"老板道："我关了，你不就买不到了，这就关，"啊哦……

3. 周日，儿子去上课。我跟老公两个人吃中饭，忽然觉得好像我们两人已经在享受退休生活一样，儿子在外面打拼。好快啊……

运动会系列

男孩在妈妈手上充其量能成为一个"半成品"，只有到了老婆手上，才逐渐变成成品。现代社会，女娃儿厉害啊。

1. 月考优秀的孩子和进步大的孩子，老师都奖励了棒棒糖，孩子们很开心——没回到家就从班级群里了解了此信息。儿子这段时间极其放松，自然考得不好，一回到家，小子居然在吃棒棒糖。我说："呦，这就想通，自己买根棒棒糖吃，很甜吧？"儿子说："味道不错!"——这么个臭小子，自得其乐，真是打不死的小强啊。（心理学上，这是一个非常重要的心理补偿信号。）

2. 运动会前一天，快下班了，儿子打电话来让我下班后去超市给他买明天吃的零食。我一口回绝，表示自己要吃自己去买。儿子说回家已经洗好澡了，不愿意出去。我说那你自己看着办。回来路上，接上老公，老公说，等下经过商店给儿子去买点零食。"我说："我已经回绝了。"原来儿子借助信息不对称，已经把任务成功转交给了他爸爸。当时还跟他爸爸说："你身边有纸和笔吗，你记一下我要买的东西。"吼吼，这小子，狡猾狡猾的。

3. 运动会，我早上把他送到运动场，看完开幕式去上班。留给儿子一张市民卡，告诉他，等下自己回去，想坐车就坐车，想骑车就骑车。5点多，儿子来电说是到家了，很累的样子。我问他怎么了，儿子说公交人太多，自行车都借不到，等看到自行车的时候都快到家了，就走回来了。我说："你认识路啊？"他说走到工大门口，看到保安，就问了上塘路在哪里，保安说在前面，到了上塘路，他就认识了。第二天，依然让儿子自己回来，那天，他骑车回来的——这点上，我挺懂得放手的，自己的事情应该自己负责。

另一方面，儿子有点像我，比较特立独行，很多时候同学们会相约坐车、骑车或者搭车的，一般他不会。这只是个性。

4. 运动会开过，今天上午放假，下午上课。因为我们要上班，今天出门前给儿子留了字条，让他中午自己用电饭锅烧饭，冰箱里昨天婆婆特意烧来的千层结烧肉拨出一部分热一下，还有肉饼、土豆只要在蒸锅里热一下就可以，并特别嘱咐，饭烧好要把电饭锅的电源拔掉，煤气用好要关掉。晚上回家一看，儿子烧了一锅饭，吃掉了一半，电源是拔掉的。千层烧肉、土豆都用小碗盛了一碗，那个肉饼他还特意打了个蛋进去变成肉饼蒸蛋，一起放在蒸锅里蒸，蒸好后关了煤气。餐桌上还放了几个茶杯垫，热好的菜应该是放在上面的。这小子，绝对吃货一枚，看样子是饿不死他了。

确实，教育是个试错的过程，特别对于我们，只养这么一个孩子，看到的样本有限。但冥冥中，我们又希望用自己成长的经验，职场的经验，职业选择的经验去调试孩子培养的模式。大体上，我认为读书 50% 是遗传，好不好基本已经在那里了，还有一部分就是后天的习惯、方法和态度。

我小时候是个很乖巧的女孩，懂得察言观色，很在意别人的感受，甚至愿意委屈自己。但后来，我觉得这不一定对，所以我更看重孩子的天性，不希望他被太多"不被证明"的规则所约束——从小，我们就以一种开放、平等的方式与孩子交流，也非常愿意听他的解释——这在现行环境中就会有冲突。当然很多东西的坚持都会遭遇打磨，但就是通过这种打磨所保留下的一些东西才弥足珍贵。

运动会开得很有气势，很震撼，唯一不足的——老师脸上的笑容，少了一些。

乐活

元旦前，学校有文艺汇演，儿子班里有个同学打架子鼓。放学后，4 个小伙伴一起帮忙把架子鼓从学校抬回家。那天，抬着架子鼓，走在学校回小区的路上，儿子说："忽然有种街头艺人"的感觉（小样，你还挺会找感觉，街头艺人在精神上是很有调调的噢。）

正在他们很有感觉的时候，有个人对着他们走过来的方向喊道"是不是掉了东西？"两个男孩跑过去，嘻嘻哈哈，发现不是鼓上的，就把地上的东西当足球踢，一直踢到垃圾桶里，不亦乐乎。回到家，儿子恍然大悟，刚才踢的是自己的杯盖子。（这是有多糊涂啊！）

架子鼓终于抬到了同学家里，好家伙，脱离了老师和家长的束缚，几个小伙伴们该有多开心啊。吃东西、玩，据说还玩了"斗地主"，害的班级群里有家长问："有没有同学知道张同学怎么还没回家呢？"

玻璃碎了

昨天一天特别忙。

近中午时分,接到儿子的电话说:"妈妈,你帮我去买一块玻璃,34厘米×37.5厘米的。"我一听,先是心里咯噔一下,问:"什么情况?什么玻璃?""盖在电脑显示器上的那种玻璃,我们教室里讲台上的,我不小心弄破了。""尺寸对吗?厚度有没有什么要求?""应该对的,厚度我没有量哎。"

和儿子一起找到了一家玻璃店,按这个尺寸裁了一块强化玻璃,让儿子拿到学校去,据他说稍微大了点,他找了工具自己摸掉了点,刚好放进去。

晚饭的时候,我问他到底怎么回事?

儿子道:"课间的时候,我们几个人在那个教室算'24点',大家有时会习惯性坐在讲台的边上(边上是木头的,比较结实)。"儿子因为一个题目算了4种方法,赢了,很是得意,一屁股坐下去没控制好,坐到了玻璃上,把玻璃给压碎了——我听着就很戏剧,打趣道,"没把屁股扎破吧?"儿子说:"没有,都是大玻璃。"

"然后呢?有没有同学去告状啊?"

"没有,当然没有——不过大家都默契地轻轻走开了。快上课了,我自己跑到老师那里说我把这个玻璃弄碎了,我会去配一块过来。"

老师让儿子把事情处理好,以后不要再发生了。

于是乎,就有了儿子给我打的那通电话。

其实,昨天下午我还在想——不知道现在有没有我们小时候那种"破坏公共财物"的说法了?

听儿子这么描述,我稍微舒了口气。其实儿子在学校读书这么快7年,真不是盏省油的灯,也特别感谢老师一路以来对他的宽容。

反之,我又觉得儿子今天处理的也不错——第一,勇于承认错误;第二,要对错误负起相应的责任（玻璃配好是 12 元钱，儿子马上积极主动自己付了钱）；第三，任何时候都要保证自己不受伤。有时我甚至想——男孩子真该有男孩子的样，不打个架，不弄坏个玻璃，不把自己摔伤一下，枉费自己的青春了。我这个妈妈也真够另类的。

话说，我们小时候如果犯了这个错，肯定会被家长狠狠批评一顿。时代真是变了。

有点小资

儿子放学回家路上自己买了本杂志《意林》，晚饭后，正儿八经邀请我到他房间，推荐我看其中一篇文章《管理你的 101 个朋友》，文章蛮有意思，推荐得不错。他开始关注什么样的人需要什么讯息了，很好。这个学期以来，给他经济上更大的独立，要求是要记账。刚开始执行时，儿子要在督促中才能执行好。

小幸福

所谓战斗的早晨，在承担了家庭公共事务之后，我出门的动作总是比儿子慢，这时他就会说："妈妈，我帮你把手提电脑收到包里；帮你把中午带去的饭从冰箱里拿出。"——就像小时候我帮他整理餐盒和水杯一样，现在他会帮我准备出门必带物品了。每每下班急匆匆地打理晚餐，儿子总会蹭到厨房帮我给土豆去皮，剥几颗蒜头，甚至在砧板上开切……所有动作完成，一定会说："还有什么需要帮忙的？……那，我能不能看会 IPAD？"这才是他的真正动机。

逻辑

送儿子上学的路上讲起昨天的"杭州三里亭电动车事故"，讲完后问儿子认为是谁的问题，儿子不假思索地说："他妈妈的问题。"我感叹道："现在不合格的家长比不合格的孩子要多。"儿子说："那当然，一个孩子两个家长!"——这话，值得回味。

参考消息

今年专门为儿子订了一份《参考消息》，目的是希望给儿子强化男性思维，扩展政治、经济、军事视野。儿子是喜欢看的，就是缺少延续性。前天开始要求每天摘3则新闻作为晚餐话题。中印关系自然成了这两天的焦点，看着儿子、老公各抒已见的样子，我胃口大开。儿子的知识面确实很广，有他老爸的风采，我的归纳总结、联系实际也不是盖的。我们一家三口都是活宝。每天的"晚餐沟通课"是我家最大的财富。

杨家将

周六晚没事干，找了部电影看看——《忠烈杨家将》，因为有好多帅哥啊，养眼。看毕，想找儿子聊聊杨家将，儿子笑眯眯地说："我看过三个版本的杨家将，你想知道哪一个?"我……很欣赏你的"渊博"。

感冒

这次感冒有点厉害的，儿子几乎昏昏沉沉睡了4天，乘机逃避了很多东西。昨天睡前，我让他再量个体温，好久还没量好，我过去让他拿出体温计，他幽幽地拿了出来——41摄氏度，刚才摸着没那么热啊。小子扑哧一声："我给热水袋量个体温。"

不能退货

如果儿子是一部智能手机，我总觉得他少了两个键，"一键恢复出厂设置"键和"自动纠错"键。生气的时候真想让他一键恢复出厂设置啊。很多事情大大咧咧，马马虎虎，觉得少了自动纠错功能。哎，产品有缺陷，只能找厂家啊——不能退货，忍着吧。

压压惊

昨天回家，儿子在客厅里摊了各式玩具，一个人在那里玩。你能想象吗？一个一米七几的小伙子在一个人玩——玩——具。

我问："什么情况啊，这玩具？"

儿子说："哦，两门考好了，放松一下。"

我说："不会是给自己压压惊吧。"

马拉多纳

宝贝，生日快乐，14 岁啦，真快！青春期时，我疯狂地迷上了足球，迷上了马拉多纳，就在那个意大利之夏。10 年后，足球记忆已经尘封，诞下儿子的瞬间，恍然发现与马拉多纳同月同日生，一度我以为生了个未来的国足小将。时间飞快地流转，幽默、帅气、聪明、偷懒的你每每带给我们惊愕与惊喜。做你的妈妈压力不小，但我享受每一天，祝你两年后心想事成，也成就我和爸爸的环球梦想。亲爱的，加油！

生活节奏

其实我挺喜欢儿子这种生活节奏的，每天晚上 9 点不到就上床睡觉了，早上 6 点多自己起床，然后到我床边孩子气地问我啥时候起来给他烧早餐，接着就开心地在那里自言自语，其中也是对自己"厚颜无耻"的肯定和欣赏。满足的吃完早餐后 6 点 40 左右就去学校了。我们晚上回到家看到他的场景通常是开着空调、开着电视、开着跑步机，刚洗完澡，在沙发上吃水果呢！一切都是快乐与享受，唯一不足的是，他有明确的中考目标，但现在的学习投入实在是有些吝啬，无论我怎么打击他，他依然故我，依然乐呵，真的没见过心态像他这么好的人了。无论如何，喜欢和祝福他。

身体通感

周一起来人有不适，没去上班，在家躺着。晚上 5 点多起来准备晚餐，大致跟儿子说了下要弄什么，让他在厨房里看着。老公回来，看到儿子问："妈妈呢？"儿子："躺在床上。"老公问儿子："你身体怎样？"（我跟儿子在身体状况方面经常通感），儿子说："也没好。"老公说："那怎么不去休息会儿？"儿子说："我去休息，谁烧饭啊？"我在床上听得笑了出来。昨天，5 点多，儿子电话我，问我怎样了，我说："好多了。"，儿子说："我以为你今天还躺在家里呢，放学回来特意给你去买了个你喜欢吃的面包。"听了超感动啊，臭儿子，爱你。

魔高一丈

臭小子是能偷懒就偷懒，连刷牙洗脸都要偷懒。洗脸，他会用手指搓一下眼角，水稀里哗啦抹一下就 OVER，刷牙有时 20 秒就搞定。每每此时，我就把他叫住，问："没有认真刷牙吧？"他故作镇定地答："认真的。"我说："过来，张嘴，让我闻一下。"他张嘴果然没有气味。忽然我发现，他张嘴同时屏息，往口腔里吸气……好小子，使诈。我一不做二不休，对着他嘴巴吹气，他一下子接不过气，就呼出来了。我立马故作生气说："这么臭，重新刷牙。"哈哈哈，道高一尺，魔高一丈啊。跟我玩，嫩着呢。

早睡早起

如果一定要说儿子有啥特长，我想应该是睡觉吧。周日到周四，他每晚 9 点不到准时上床，如果哪天超过 9 点，他一定打着哈欠说瞌睡死了。一到周五周六，精神头就来了，从《跑男》到《我是歌手》《最强大脑》穿插《名侦探柯南》，一个不落。生活真是滋润无比。上周末因为时间规划有误，周日晚上拼命赶作业，搞到很晚。周一一起床，就说今天我放学回来就睡觉，不要打扰我。果真放学回来他自己洗了个澡，烧了个粽子吃完就呼呼大睡，晚饭起来吃了点，继续睡，早上六点自个起床，6：30 出发去学校复习功课去了，真是神奇，睡了将近 12 个小时啊。这下，气又打足了。有时想想，身为父母，我们跟其他家长的区别是：1. 我们会告诉孩子，如果你觉得现在学习效率不高，你就去睡觉吧，宁可清醒的时候高效地学；2. 我们非常尊重孩子自己的感受和时间安排；3. 刚开始让孩子自己安排总是有不到位的地方，但慢慢地，他的自控能力越来越强。就像现在晚上 9 点睡觉，早上 6 点自己起来，即便在这寒冬，他都是自发的，我觉得挺好。孩子总要学会自己长大。我经常跟儿子说，如果中考你如愿做到了，那以后所有你的大事都自己决定，爸爸妈妈只会给你一些参考和建议。男人嘛，独立的决策很重要。

好养的娃

这个儿子很好养，有书读的日子就开心无比。去年给他订的《参考消息》今年改成《环球时报》了，男孩子总要有男孩子的视角。杂志方面也订了一大堆，如《博物》《青年文摘》《意林》《壹读》《孤独星球》《作文素材》

等。喜欢看着他们爷儿俩在餐桌上天文地理、历史武打、海阔天空地狂聊。有时候真奇怪他那些知识是哪里来的。

洗钱

早上晾衣服，打开洗衣机盖一看，火大了，又是和着餐巾纸混着洗了。问儿子怎么回事，他一脸无辜地说："我把校裤扔进去的时候摸过口袋的。"老公把所有衣服拿出来，对儿子说："所有衣服里只有你的校裤有口袋，你再解释下，难道是我们洗衣粉放好顺手丢一包餐巾纸进去吗？"儿子无语。儿子准备出门，口袋里一摸，从今天新穿上的校裤里摸出了15元钱，洗得很干净啊，要交给我。我说："不要，我知道你是专门用洗衣机洗钱和洗餐巾纸的。"

两个妈妈

接到一个电话：

"喂，你是小郭妈妈吗？"

"是的，请问你哪位？"

"哦，我是小郭妈妈，我以为你今天肯定会打电话给我来道歉的……"

我吓了一跳，不知道什么事情，忙问"某某某妈妈，不知道发生了什么事情？"

"啊，这么大的事情，你儿子居然没跟你说！"（听出了一万个不可思议）"小郭同学课间玩剪刀，在我儿子头上剪了几根头发，你知道这有多危险吗？如果万一不小心伤了脑袋，这是多大的事情，你们怎么可以这样……"

"哦，是这样啊，这太不好意思了，我先向您道个歉，不知道孩子有没有伤到？"

"小孩子没什么，但是你们这样……"

我说"好的，如果小孩子有什么问题您随时打电话给我。晚些孩子回来了我也去问下来龙去脉。"

于是乎我就等儿子回来描述具体情况，儿子当然轻描淡写，同时表示知道这个危险，以后不会做了。我连忙又给班主任老师打电话问具体情况，孔老师也大致描述了下，表示没什么问题，孩子们之间已经解决了。

这下我就开始想，是我们太粗放了，还是对方妈妈太精细了？

诚然，对儿子，我一直是特别放手。学校的事情，我鼓励他自己沟通解决，如果解决了就不用告诉我，如果解决不了，可以向我来求援，毕竟我们培养孩子的目标是要他独立面对这个世界。后来了解到对方妈妈是中学老师，老师在处理此类事情时会考虑得更严重，坚决把危险扼杀在摇篮。因为班里一旦有一个隐患，就有可能星星之火呈燎原之势。

妈妈考虑事情有的角度不同，对孩子的要求不同，未来孩子的走向也会有所差异。没有对错，只是拿来分享。

后来我还是让儿子拨通电话向同学道歉，向同学妈妈道歉，虽然做了不少思想工作（他始终认为已经用自己的方式解决了），但有些礼节还是必要的。

中考之百感交集

虽然还没有尘埃落定，但我还是决定要回顾过去的 1000 天，千里之行就这样落幕了。这个学期几乎没有在"19 楼"更新记录，并不是啥也没做，而是独自记日记。说实话中考生家长不好做，中考妈妈的焦虑也是实实在在的，所以我只能以日记的方式来记录过程的点点滴滴，生怕公众环境下的指指点点会改变一些神秘的结局。

先汇报一下目标和实际的对比。我在之前给孩子设定的中考4门课的分数目标, 以总分不低于第一志愿学校历史上的最高录取分529为目标。

语文: 99~104之间。较好的位置是102; 数学: 尽量争取满分, 不要低于115; 英语: 这科比较弱, 一般只能达到班里平均分, 希望英语要在112以上, 115比较理想; 科学: 争取170以上, 不能低于165;

结果, 语文: 100 数学118 (儿子一直认为是满分, 想查分) 英语: 108 科学: 175 体育: 30。总分531。

整体基本符合目标; 差异在于英语低了, 科学小爆发了下。语文基本正常, 数学有点小可惜。大家也可以看到文科确实偏弱了。

事实上当初的目标是按照历年的中考录取分数线设定的, 没想到今年高分段孩子那么多, 估计第一志愿是不行了, 第二志愿有点悬, 不行就只能第三志愿了。说实话对于还没开窍的毛毛糙糙的小男孩去拼搏这样的中考也真是难为孩子的。我个人认为男孩女孩的发育差异是明摆在那里的。所以中考的命题方向方式应该对男孩的这种特质有所侧重。

但无论如何, 从目标管理这个角度还是基本达成, 剩下就是命运的选择了。某种角度上, 我这个妈妈应该负些责任, 因为在历史上第一志愿的最高录取分是529分, 所以我当时以为这个目标是稳进第一志愿的, 可惜有点遗憾。

手机战争

手机战争是一个持久战。从武器开始追溯, 有没有想过孩子的手机是怎么来的? 你的退役手机? 你的某次许诺? 孩子用零花钱偷偷买的? 长辈们作为礼物送的? 无论哪种原因, 从孩子掌握手机开始, 战争就埋下了伏笔。

手机战争, 关键是在管理上达成共识, 其中包括你跟另一半的规则共识,还有你与孩子之间的共识，千万记得，孩子是很会钻制度的漏洞的。

手机战争好比猫捉老鼠，有时可以和谐相处，有时则刀光剑影，我家最激烈的一次是，老公让儿子放下手机，儿子直接砸了手机，手机裂屏无法启动，儿子伤心，收拾了双肩包准备出走，真是很狗血的镜头。我考虑到出走后晚上可能会有的麻烦，坚决留下了儿子，一阵冷战，最终以购买了新手机为终点。青春期的倔强锋芒毕露。之后依然拉拉扯扯不断战斗，直到儿子提出高三暑期开学的 8 月 10 日与手机彻底决裂，总算手机战争告一段落。

"静待花开"说起来很美，做起来很难。儿子在 8 月初用手机简直到了魔态，我忍着，心想，过了 8 月 10 日看你怎么办，事实证明这是对的，既然你与他达成共识，就不要因为焦虑在中间破坏规则，该忍就忍着，不要激化矛盾。过了 8 月 10 日，他上交了手机，接下来就是你坚守规则了。说实话，戒手机跟戒瘾一样，刚断手机的一周，他经常会有些郁郁寡欢；后面一周经常讪讪地来跟我说："哎，要等到明年 6 月 9 日"不管怎样，他至少现在不再碰手机，用自己的意志在实践自己的诺言，这就足矣。

青春期的孩子，和即将步入更年期的妈妈，千万不要正面冲突。碰到问题要像水一样包容，总有最佳解决方案的。

家庭教育的 3 个基础

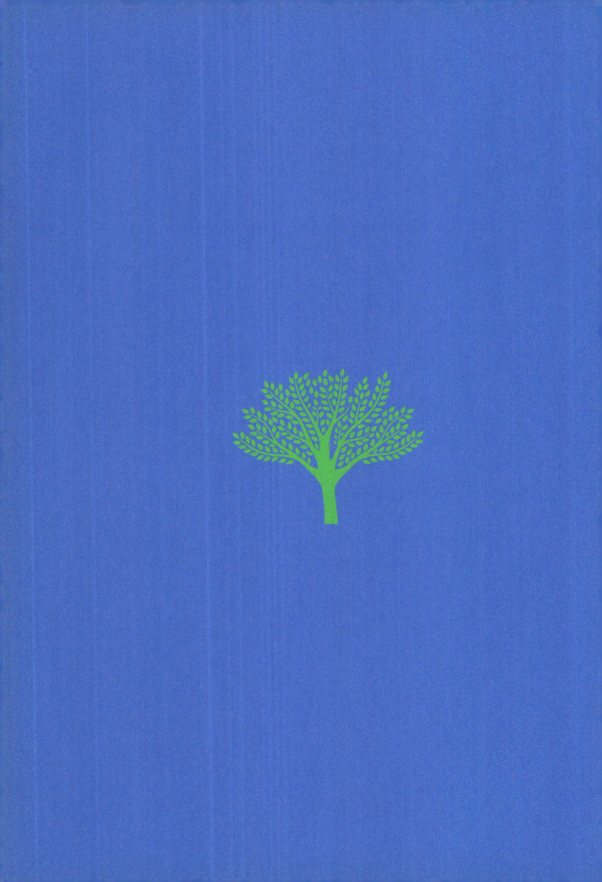

自然、乐观、独立 ❖

　　每个个体生长的家庭环境不同，每个家庭的教育认知也不同。世界万物皆有规则，不要拔苗助长。不同的花儿有不同的花期，静待花开也许是最好的选择。人的身体有免疫机制，我们要认知它、感受它，与之和谐相处。"自然"这一概念，首见《道德经》"域中有四大，而人居其一焉。人法地，地法天，天法道，道法自然"。四大，指道、天、地、人。道法自然，就是说，道是自然而然的。

　　儿童成长有七种天性：游戏、模仿、好奇、成功、户外、合群、赞扬。这是与生俱来的自然天性。人越小的时候自然属性越强，随着年龄的增长，社会属性会越来越明显。"以意义为主导"的活动是工作，"以快乐为主导"的活动就是游戏。

　　儿童尤其是低龄儿童的社会性很弱，做事情的动机多出自本能。人的本性是趋乐避苦的，所以，儿童自然喜好游戏。聪明的教育者会"寓教于乐"，他会对儿童说，来我们做个数字游戏；而外行的教育者就会对孩子说：时间到了，我们学一会儿数学。把儿童需要学的东西变成游戏的形式，这是智慧的家长需要特别关注和花时间的地方。学钢琴、学古筝、学乐器，我们应该是在启蒙孩子对美的感知，孩子参与时也认为这是"游戏"，于是双方达成了广泛共识。但事实上很多家长是带着明确的目的和动机的，他们认为这是"考级必备，名校通行证"，所以当家长关注"意义"的时候，是需要计算投产比的，家长对孩子的参与态度是有要求的，甚至会对孩子说"我花了那么多钱，那么多时间来培养你，你却……"而此时孩子也很委屈"明明妈妈对我说，学钢琴很好玩的，可是现在你每天逼着我练习，一点都不好玩……"所以如何把儿童需要学的东西变成游戏的形式，如何固化他的兴趣爱好，从而让孩子形成自我激励和约束这是教育非常重要的课题。

孩子还有个天性就是模仿。模仿是动物界共有的，鹦鹉学舌乃至动物杂技团都是模仿的明例，但是人类的模仿能力远远超出了其他物种，这是人类远久进化的结果，也是人类能够从动物界分化出来的重要原因。模仿的敏感程度和相应的吸收能力构成可塑性，儿童在这方面是远远超出我们成人的。儿童的模仿是方方面面的，从一句口头禅到一种语气、手势，到一种态度、一种气质。儿童对环境的吸收也是惊人的，每一个人的人格都可以追溯到它的童年经验。家庭教育在更大程度上是一种渗透式的教育，我们对孩子的要求很重要，我们自身为孩子提供的参照和潜移默化的示范，对孩子的影响更为深远。我们应该从"小孩子好模仿"这个发现中，深切地体会并谨慎地对待家庭教育的渗透作用。

孩子有打破砂锅问到底的好奇儿，而成人很多时候已经接受各种现状，认为理所应当，于是当孩子不断地就一个"理所应当"的概念发问时，或者是挑战了你的权威，或者，你会一棒喝之，用权威扼杀了孩子的好奇、探索甚至是创新的力量。

自然是人类生命的起源，也是人类命运的归宿，人类基因的发展依赖于自然环境的作用，所以人类的基因中蕴含着亲近自然的倾向。假期或者双休日经常带孩子到大自然中，感受花鸟虫鱼，感受日出日落。用眼睛看，用鼻子闻，用耳朵听，用小手摸，这一切比关在一个所谓的兴趣班里要有意义得多。

人是害怕孤独的，任何人都需要交流，需要被关注。我们对孩子陪伴得少了，交流得少了，拥抱得少了，慢慢他就把门关上了。关了门不是说他不交流，而是他开始用另一种方式交流，他开始追逐虚拟同伴，如小动物、布娃娃，还有互联网上的虚拟事物与人物。怎样让孩子合群，如何创造"群"这种环境，这在现在尤为重要，很多孩子的网瘾如果进行一种追溯，那么一定在他人生的重要节点被家长忽视了，因而把他推向了那边。

在传统教育中还有一个很"东方"的观念——优点不说少不了，缺点不说改不了。所以我们无论是学校教育还是家庭教育都强化了缺点、不足以及做得不好的地方，而对优点、特点，做得好的地方认为理所应当，久而久之孩子也这么认为，这使得我们接触到的大多数孩子是内敛的，不自信的，甚至有时是苛责的。因为在他们成长的历程中看到的都是不足，不好。

当我们知道孩子有这些天性的时候，我们该做什么应该就明朗了，知道做什么和怎么做好是两个不同的问题。如果说前者是道的话，那么后者就进入术的层面。

在我家里，我们更关注：自然、乐观和独立。

❖ **自然之睡眠**

　　概念有点大,我从小的方面入手吧。咱们来聊聊睡眠与健康。

　　睡眠在人的生活中非常重要,一个睡眠好的人,看上去皮肤会很好,显年轻。精气神好,整个人有活力,也好相处。很多人的睡眠问题是从出生开始种下的因,所以做妈妈真的责任重大,当你了解这些重要但基本的道理后,你、孩子和整个家人的生活都会发生变化。

　　第一点很多人不了解睡眠的规律,因而破坏了它。例如一个新生儿在月子里每天的平均睡眠时间是 18~22 小时,也就意味着孩子大多时候在睡觉。明白了这个道理,其实月子里妈妈、宝宝另外最多一个人就足以照顾好孩子。人多反而会打扰孩子,每个人看到孩子醒了都来抱一抱、亲一亲、抖一抖、摇一摇,只会把孩子搞得更兴奋。我在 2000 年生孩子的时候,父母公婆都可以来照顾,我告诉他们不用的,你们负责给我月子里管饭就可以。出了院回到家,主要就我一个人管,晚上跟老公稍微交替一下。刚开始没摸透孩子的规律,确实觉得自己缺觉,睡不醒,于是任何时候孩子一睡,我也跟着睡,孩子醒了如果我还想睡,我就给他喂了奶后让他躺着咿呀呀,我也跟着咿呀呀，过不了多久他就睡着了。要知道孩子是在睡眠中长身体的，同时孩子最舒适的姿势是平躺，让他四肢欢快地动，累了自然就睡了，抱着孩子其实并不舒服。

第二点，很多人刻意给孩子营造黑暗而安静的环境。只要孩子睡了，就要求家里没有声响，各种蹑手蹑脚，各种小心关门，房间乌漆嘛黑没有一点光，貌似是照顾好了孩子，其实是把他对声音、对光的感知能力搞得太敏感。生活中最佳的方式恰恰是模拟自然，该有光线有光线，该有声音有声音，孩子是很容易适应的。殊不知家长如此小心的后果就是长大后这个孩子换个床睡不着，换个房间睡不着，稍有声音睡不着，稍有光线睡不着，稍有人动睡不着等等，小时候这么小小一个行为给孩子未来的幸福睡眠带来一辈子的影响啊。这让我想起《好妈妈胜过好老师》里提道：家长爱子心切可以理解，但这样做是错误的，可能正是给孩子将来的睡眠制造麻烦。一个简单的生理问题如果一直被错误地解决，最后可能会变成一个心理问题。家长应该给孩子积极的影响，让孩子学会和周围环境和谐相处，而不是处处苛刻，处处改造。与其说"睡觉不怕吵"是个生理问题，不如说在某种程度上它也是个教育问题。

关于睡眠的第三点就是，我在孩子学业过程中始终给他保持充足的睡眠。儿子今年高三，小学期间基本都是晚上 9 点前睡觉，初中也不会超过 9:30，高一高二也在 10 点多些，目前 10:30 左右，始终保持孩子的睡眠时间。一是对孩子的身高有影响（个人觉得睡眠对身高的影响巨大），二是对大脑发育有影响。

我们一家三口都是属于在火车卧铺上都能睡得极其香甜的。我想这是我和先生的父母在早年就坚持了简单朴素的道理，我们也一路延续下来的原因吧。幸福生活有的时候道理真的很简单，就是要效法自然。

❖ **自然之健康**

　　记忆中我小时候很少生病,大概小学 5 年级时发生过一次中暑,当时头晕得厉害,把自己吓得不轻,甚至傻傻地问奶奶:"我会不会像爷爷一样要死了。"最终的结果就是找了个属虎的人给我刮了个痧就好了,所以我小时候貌似没怎么去过医院。后来在我怀孕后去医院例行检查时,我都不太知道去医院要有哪些流程。儿子出生后刚开始的两三次发高烧着实还是有些紧张的,因为儿子要么不发烧,一发烧就是 39.5 摄氏度以上。但每次去医院,也就是挂个号,医生看下,验个血,配点药,觉得也差不多,于是后来再碰到发烧,也懒得去医院,掐指一算距离上次发烧有 4~5 个月了,也许是身体要排毒了,于是就让儿子多喝水、多睡觉,睡一觉发一身大汗就好了。真的两夜体温下不来,就喝点"美林",继续多喝水。这么坚持了几年,儿子发烧也很少。慢慢地儿子也养成习惯了,只要发烧,儿子就说:"妈妈,我开始排毒了。"他也会自己多喝水、多睡觉。

　　我始终觉得身体是自然之物,遵循它的规律,它就不会为难你的身体。

　　我在大学期间看过一个资料,貌似说女性 25 岁生孩子是最佳年龄,此时身体刚刚成熟，是孕育的好时点，子宫"土壤肥沃"，孩子先天基础好，妈妈生了孩子身体恢复也最快。于是我鬼使神差还真是掐着点生了儿子，所以在心理暗示中我认为我的身体基础很好，孩子的身体基础也很棒。

为什么会说这一段呢，实在是看了现在太多的女孩子观念比较开放，对流产觉得无所谓，有些为了事业不婚或晚婚，这样都会造成生育困难。如果是好不容易怀上的孩子，后面就会有一系列反应，如孕期格外小心，趴着不动，非常挑食，孩子出生后养得非常精细，稍有风吹草动就要上医院，稍一生病就各种抗生素，使孩子体质越来越弱，家长觉得养育孩子好难好操心，于是影响了两代甚至更多代人的健康。追根溯源，就是没有在正确的时间做正确的事情，用正确的方法做正确的事情。人生的大石头是需要提早规划的。

有一种说法"一个女人可以影响三代人"。是的，女人可以影响父母的晚年生活，自己的家庭生活，孩子的未来生活。我非常推崇每一个女人都好好读一下《黄帝内经》其中有很多朴素而简单的道理，有些道理只要简单坚持做就能避免很多现行的"剪不断理还乱"的麻烦。从管理的角度上来说，你今天所有的问题，一定不是目前这个层面的问题，它一定来源于上一个层面，曾经的某个决策而产生的果。有的女孩子痛经厉害，一到那几天死去活来不能正常上学上班；还有很多肿瘤的形成都是有时间，有过程，有信号的，但是我们并没有敏感地捕捉到这些信息；很多现在的亚健康也都跟作息习惯，运动习惯、饮食习惯有极大关系，《黄帝内经》中都有涉猎。

道法自然很重要。崇尚自然还有一种很重要的方法就是到大自然去，去走，去奔跑，去感受，这个篇章我们将单独拿出来进行分享。

❖ 乐观之十五个小笑话

我喜欢笑话、喜欢相声、喜欢喜剧、喜欢讲话幽默的人。

现代有很多人嘴角僵硬似乎都不会笑了,很多人听了笑话是没有感觉甚至听不懂的。其实人长期不笑,嘴角的肌肉自然僵硬,于是就再也不会笑了;有的人长期压力,长期焦虑,觉得生活中处处不顺,因此也不会笑了。

我们今日的现状是跟曾经的认知有极大的关系的。在我看来乐观是最积极的性格因素,是一种生活态度。人生总有顺境和逆境,既然客观存在,那么你用什么态度去对待,就成为面对时最重要的因素。我们自己的成长会经历这一切,孩子的成长也会经历,那么与其让孩子没有任何思想准备就面对,不如让我们先设立一些环境让他去应对,再给予他一些技能让他知道如何面对岂不更好。所以在我们家巧妙地打击孩子、智慧地激励孩子就成为一门必修课了。

如果说家庭状态也可以像酒店那样标注级别,没有比和谐幸福的家庭气氛级别更高的了。房子可以小一些,家具可以旧一些,电器可以少一些,但爱和亲密一定要多——幸福的家就是五星级宾馆。我从儿子两岁多开始几乎每天给他讲笑话，为什么会坚持讲笑话呢？

1. 我坚信人的心是要"养"的，你种下什么情绪，自然会长出什么。笑话的快乐会弥漫整个家庭，浸染每个人，我们家的阿姨也特别开心，儿子小的时候我讲笑话，儿子还没反应过来，阿姨就哈哈大笑了。正因为她天性乐观，所以在我们家也一起欢乐相处了十几年，直到她儿媳妇生孩子才离开，这也是一种很妙的缘分。

2. 为什么力争每天去讲，而不是一股脑儿地讲 7 个——事实上生活的平淡在于每天重复，生活的精彩也来自执着酝酿带来的质变。孩子的学习是个循序渐进的过程，家长也该做个示范。

3. 表面上是在给孩子讲一个简单的笑话，事实上是借笑话让他认识世上形形色色的人，不同人的思维方式，培养他积极、乐观、不抱怨的心境。这种"养心"会让他受益一辈子。

有些人会抱怨环境、抱怨爱人、抱怨长辈、抱怨孩子、抱怨职场、抱怨领导、抱怨同事、抱怨下属……其实在抱怨之时，先想想我自己能先改变什么，这才是最重要的。

下面简单分享十五个小笑话吧：

笑话一：分数线

前一段时间希望杯，在微博上看到一个中学生说"老师也不知怎么想的，让我们都参加希望杯，明摆着就是让我们降低平均分去的"，又看到另外一个同学说"努力，努力，我要当分子"，于是我把这个段子讲给儿子听，然后问他你想做分子还是分母啊，儿子想了一下说："我做分数——线吧。"后来又有段子说"希望没了，只剩杯（悲）了"……

笑话二：吞老师好

一学生进办公室，向老师们问好："赵老师好，李老师好。"

"你怎么不喊我呀？"

"老师，我不知道您姓什么呀。"

"那我来提示你一下：口天"

"吞老师好！"

诚然，孩子的思维跟成人不同，不要责怪他们，没有这种差异，我们哪有这么多的快乐呢。

笑话三：学习好的和不好的

考试前

学习好的孩子们都说"我去考试了！"

学习不好的说"我去！考试了！"

考试后

学习好的孩子们都说"我考完了！"，

学习不好的说"我考！完了！"

这类笑话，我会在儿子考试前给他讲，然后问他你属于哪一类啊？

笑话四：居然不会套被子

有个女孩，刚住校的时候不会套被子，她居然自己爬进被套里面去弄。

她有个室友恶搞她，在外面把被套的拉链给拉起来，把她关在被套里面了。那个室友本以为她自己可以出来的，就放心地走了。

结果没想到，直到晚上室友回来的时候，才发现她还在被套里，哭得声嘶力竭！

这个笑话不禁让我想到有个学生拿着煮熟的鸡蛋居然不知道怎么吃，因为在家里都是父母给他剥好递到嘴边的，当他看到带着壳的鸡蛋时，束手无策了。学校是传授知识课的，家庭就该多教生活课。

笑话五：什么是纸

一人穿越回战国，到了长平见到赵军主帅，

激动道："你就是那个纸上谈兵的赵括啊？！"

赵括大惑："我是赵括不错，也会谈兵不假，但什么是纸？"

哈哈哈，借机跟孩子谈谈什么是"粮票、肉票和布票吧。"

笑话六：医生的笔不见了

医生："我的笔怎么找不到了？我还要给你开药方呢！"

病人小声提醒道："你不是把它放在我的胳肢窝里了吗？"

这个小笑话可以针对比较粗心，经常会丢东西的小孩子。儿子现在五年级，我买过的红领巾不下 30 条，丢三落四确实是不好的习惯，但属于我能接受的。上学期还买过 5 条，自那以后没丢过，现在想来有些小孩在有些方面开窍是迟点的，但过了某个点就不是问题了。

笑话七：指给你看

某加油站为了招揽生意打出一块招牌：凡加汽油者可免费获赠一张当地的地图。

一天，有个外地人把车驶进加油站，他加了 5 元钱的汽油并索要免费地图。

服务员说："你要地图做什么？凭你加的那点儿汽油，你去的地方我指给你看就行了。"

这服务员的反应，也是没人能超越了。

笑话八：何况是一个西瓜

水果小贩卖西瓜时保证西瓜包熟包甜。一位女士就买了一个大西瓜。

当她骑车回家时，西瓜从自行车框里掉了下来，裂开了。

女士惊讶地看到，西瓜是淡粉色的，根本就不熟。

所以她回到小贩那要求退货。

小贩回答说："人从车上掉下来，脸都会吓得苍白，何况是一个西瓜呢！"

这小贩这话讲的，卖西瓜，可惜了了。

笑话九：坐到了观众席

有个人去吃饭，点好菜很久了一直没上菜，眼看着比他后来的人都先吃上了，于是他叫来服务员说："请问，我是不是坐错位置，坐到了观众席？"

你看笑话中的智慧就是，别人一听就明白你的真实意思，而你的幽默又没有明显的攻击性。所以说"怎么说比说什么要重要"——这一点在人际交往，作文写作中都有益处。

笑话十：孩子是怎么出生的

妈妈怀孕了，4岁的海柯百思不得其解。她问爸爸未来的弟弟或者妹妹是如何生出来的。

爸爸向她解释道："先生出头，再生出身子，最后是两条腿，懂了吗？"

"懂了，爸爸，然后你用螺丝把他们组装起来，对吗？"

现代孩子接触"物"的机会比接触"人"多，思维也逐渐体现出机器化、程式化、冷漠化。幼年的时候这种"小大人"的思维会让人觉得可爱、有趣，但随着年龄的增长，这种思维方式可能会向一种有些危险的维度发展，尽可能让孩子多接触人、亲情和大自然。

笑话十一：微型家长会

儿子："爸爸，星期五下午你有空吗？"

爸爸："什么事啊？"

儿子："学校要召开微型家长座谈会。"

爸爸："什么叫微型家长座谈会？"

儿子："就是只有班主任、你和我参加。"

考试季结束了，又到了家长会时分，有些孩子成长中时时会带给你惊喜，但压力也是不少的。仅以此纪念我参加过的每一个"微型家长会"。

笑话十二：懒人洗脸

见过懒人洗脸吗？打开水龙头，随意地向脸上撩一下水，洗好收工。

见过我儿子洗脸吗？打开水龙头，直视水流两秒钟，收工。

日常好习惯非常重要，儿子也是经常刷个牙 40 秒，洗个脸手一抹，仔细看看脸上还有口水印。拿这个笑话讽刺他下。

笑话十三：谁敢偷老虎

丈夫："亲爱的，我被开除了。就因为一点小事，太不公平了！"

妻子："为什么？"

丈夫："我昨晚下班忘了关老虎笼子。可他们也不想想，谁敢偷老虎！"

还是可以拿来跟孩子讲讲粗心的问题，在孩子眼里考试没考高分只是"粗心"而已，甚至有时候我们也会帮孩子解释，年龄小、粗心、考虑不周到。但恰恰，所谓"粗心"的理由很可能就是未来竞争中最致命的——缺乏良好的学习习惯，缺乏按步骤做题的习惯，缺乏检查的习惯。就像那个丈夫，在他看来只是忘了关老虎笼子，老虎又没丢，谁又敢偷呢？事实恰恰是，万一老虎偷跑出来，可能会要了人的命。角度不同，想法不同啊。

笑话十四：猫知道吗？

有一个精神病人总以为自己是老鼠，在医生的治疗下终于康复了。

出院的那一天，医生们把他送到了门口，忽然迎面跑来了一只猫，他被吓得面惊失色；

医生们很奇怪地问他："你已经不是老鼠了，为什么还怕猫？"

他说："我知道自己不是老鼠了，可是猫知道吗？"

有的时候我们的心魔不一定是"老鼠"，很有可能是"猫"——不一定是"我"本身，而是我认为的别人眼中的那个"我"。

笑话十五：脖子上挂皮鞋

顾客："请问那条围巾要多少钱？"

营业员："二百元。"

顾客："这么贵！能买上一双皮鞋了。"

营业员："是贵了点，可没见过有人脖子上挂皮鞋啊！"

营业员最后的结论是有些"无厘头"了，但也无意间帮我们揭示出如果顾客当时买"围巾"是必需，那只需去跟营业员讨价还价，而无须类比"鞋子"；就好比有些人会说"买房子的 150 万如果做投资收益会有多高多高"但是碰到刚需要入学时，你的"存款证明"是不能作为"入学证明"来使用的；同样，孩子有时会说："写作文太麻烦了，我再做 10 道数学题吧。"那也不行哦，该做的事必须得做，不能以麻烦为借口而逃避。人生很多事没法逃避。

笑话本身有让人开怀一笑的作用，另外它之所以会逗你笑，或者是尖锐地指出了社会的现实，或者是出乎了你的意料，于嬉笑怒骂间让你酣畅淋漓。同时笑话中也有很多智慧，笑话听多了，孩子在看到一些问题时自然会以一种比较乐观的方式解读，对他学业中疏解压力有好处。我也经常会刻意地在家里打压他，说实话谁都知道，未来进入社会都会承担压力，与其让他在毫无准备的状况下一下子被击倒，还不如我们刻意为他营造一些压力，磨砺一下抗压性好。所以也建议爸爸妈妈们不要老觉得孩子不能承担压力，其实他们天生有能力去承担的。别把他们护得太牢了。

❖ **独立的生活能力**

我们培养孩子最终是让他能独立，这种独立包括独立的生活能力，独立的判断能力和独立的经济能力。

独立的生活能力

1. 烧面要加三次水

儿子 8 岁的时候，我就鼓励他自己学会烧点什么吃，有一次他说要自己烧拌面，我告诉了他烧面的步骤：锅里先烧水，水开后把面放下去，每次当水滚起来，往锅里加半碗水，这样加三次后，面就熟了，可以捞起来，再加入酱油、麻油和少许醋，拌好就可以了。于是我在房间里，听儿子在厨房里锅碗瓢盆叮当响，好一会，没啥动静了，我就走到厨房，看到儿子拿了个小凳子坐在那里等水滚，我就问他加了几次水了，他说加了两次，就等第三次了。我说，不错。顺手就把锅盖拿起来看看。天哪，他居然没把面放下去——我就问他"请问，面没有放进去，你往开水里面加冷水，加了两次，跟一次性把他们烧开有啥区别呢？"儿子哎呀一声……

后来我经常拿这个事情打趣他，同时告诉他，有些事情有很多步骤，但在听的时候一定要抓住重点。过去都是我说："儿子，我给你弄个火龙果吃吃吧。"现在我已经改口说："儿子，你给我弄个火龙果吃吃吧。""儿子，你帮我泡壶查吧。""儿子，你帮我剥一下春笋吧。"训练孩子的独立能力在于我们终于可以偷偷懒了。

儿子对厨房一直是有偏爱的，这一点我很支持，我经常跟他说，一个喜欢做菜的男人，未来一定是个温暖的男人，有生活趣味的男人，也是一个独立的男人。除了在厨房，我还让儿子参与日常家里的劳动，扫地、拖地，自己洗洗衣服，我希望未来他结婚后，两个人是共同打理这个家，而不是由女方独立承担，家应该是爱的聚集地。

2. 家庭沟通课——摔伤

我算是一个比较放手的妈妈，至少我自己这么认为。与学习相比，我更看重孩子遇事的处理能力，希望他在摸爬滚打中逐渐独立起来。

上周日，儿子在凤起路这里上课，我送他，按惯例让他自己回家。原先他都是坐 76 路然后再自行车回家的。那天他突然问："如果我要直接骑车回家的话该怎么走。"我说只要沿着建国北路骑，看到绍兴路转弯一直骑，看到高架桥你就认识了，儿子说好的。晚上 5 点多我开始准备晚餐，一边烧，一边想象儿子吃得津津有味的样子，很是满足。6 点不到，有钥匙的开门声（果真骑车比坐车快了 20 多分钟）。儿子有点疲惫地进来，我说怎么了？儿子犹豫了下，说："路上摔了一跤。"

我一看，心一紧，右腿膝盖上血淋淋的，右手手掌掉了块皮，大拇指指甲有点翻起。忙问他："怎么回事？"儿子说："我好好地在骑，后面一辆摩托车拼命按喇叭，我想让他，靠了靠边，谁知他刚过，我有点摇晃的时候，又有一辆满载的三轮车也挤了上来，我就……"我又问"那你摔了，那两辆车有没有停下来呢？""没有。"我忙打趣道："谁让你长那么高，看上去都不像初一的学生。呵呵，你不会哭了吧？""当然没有。我还骑了一会儿，实在是有点痛。就找了个小店，到里面用我仅有的 5 元钱买了一瓶矿泉水、一包餐巾纸和一个创可贴，坐在路边处理了一下伤口才骑回来。"

我说："不错，这个处理得很好。""如果你摔得很厉害，没办法起来，那你怎么办呢？"我又问。儿子有点疑惑。"你没有手机，如果你真的摔得比较严重，旁边可能有人会过来，你就要请他们给我打电话啊。""噢。"

儿子做作业的时候，偷懒道："哎哟，手受伤了，作业不能做了。"过会儿打趣道："腿真的很痛，也许看会 IPAD 就会好的。"，哈哈，这小子。我偷偷地问老公，儿子摔成这样，你心疼吗？老公说："男孩子嘛，就是这样摔摔大大的，没关系的。"

那天晚餐，我们一家三口从这个话题开始讨论，我跟老公分别回忆了自己小时候的事情。

老公说他小时候也这么摔过，回到家吃好饭马上洗洗上床睡了——因为怕被妈妈发现把裤子给摔破了。的确，那个时代，人摔坏了没啥问题，把衣服裤子弄破了，少不了要挨骂。说到我小时候，那时候还在宁夏，夏日午后我就一直在学校操场玩滑梯。因为是子弟学校从小学到初中的，所以那个滑梯也特别长特别高，而且以前的滑梯都是用木板拼接的。滑梯有几种玩法：最保守的是屁股坐着，双手扶着滑下来；稍微刺激点的是蹲着，半放手滑下来；然后是半蹲着滑下。一些高个子的男孩总是站着就这么滑下来很是刺激。我经过一段时间的观察，觉得也许自己也可以站着滑下来了。没想到，站起来重心不同，一下子我就从滑梯最上面摔了下来。双腿膝盖，双手手肘全部是血，痛得忍不住哭了。但是还是很害怕，不敢回家，怕被妈妈骂，于是就在操场耗时间，想等天黑了再回。终于天黑了，磨蹭着回家，哪里瞒得过火眼金睛的老妈，被老妈一通骂——这么晚回来，还摔成这样（现在想想老妈肯定也是心疼的。），于是老妈带着到医务室去处理伤口……

　　每个人在年少时候都有害怕的事，跟孩子快乐地回味了一下我们的成长过程。虽然看着儿子的伤口我也有些心疼，但听他描述处理的过程，再加上他大大咧咧的性格，我觉得还是挺不错的，男孩子就该有男孩子的样子。

❖ 独立的判断能力

　　为了培养孩子的独立思考,我的方式是:在孩子不识字的时候我就会给他读些报纸新闻,但只讲事件,不讲观点,讲完后,问他有什么看法。如果他的看法跟报纸的评价或点评类似,我就会说,你真棒,有做记者的潜质;如果他的观点和报纸上的不一样,我就会说,你这个想法很特别,你能告诉我为什么这样思考的吗?无论有道理没道理,我都会表扬他"这个观点很独到"——思想是朦胧的形成,思想是懵懂的认知,思想是一种循序渐进。给孩子的"思想形成"留一片沃土,更留一片自留地。家长也要自我检视一下,是不是我们日常碰到事情的时候也有自己独立的判断,这点其实是在给孩子做示范。中国传统的教育方式磨灭了不少孩子的独立思考能力。

学会尊重

　　尊重,从对每一个从事平凡职业的人开始。在我的工作生活中,发现一个特点,尊重那些职业卑微的人,你会得到意想不到的回馈。给大家举个例子,去看看我们周围的保安。停车难是现在非常普遍的现象,但是我总是能碰到好保安。现在住的地方晚上停车都是先到先得。有时回来晚了，位置就很难找，但是小区的保安每次看到我回来了都会热情地告诉我，哪里还有一个位置，似乎是专为我留的一样。原因很简单，我每次停好车都会跟他们聊几句，"这么晚了，还没下班啊？""今天值夜班啊？""谢谢你刚才帮我指挥，没有你帮忙我可真停不进去。""你们也挺辛苦的。"每每此时，保安大哥们都会说："谢谢你理解我，哎呀，有的业主开个车就很牛气，老是看不起我们。"其实每个人都需要被理解、被尊重。保安大哥们都对我不错，我每次开车经过门口也总会摇下窗，跟他们问声好。

久而久之，儿子跟保安的相处也很有一套。很早以前，我看到儿子 QQ 好友里有个人，我就问他，这是谁啊？他说是学校门口的保安。我非常诧异，儿子说他每天到校都是第一第二个（那时住的有点远，为了我们上班不迟到，儿子总是早上 7：15 左右就到校了），教室门还没开，他就在传达室，保安有时玩电脑游戏他也去看会，然后就跟保安成了朋友。我们刚搬家，有天早上我让儿子去买早饭，就给了他一些钱，也没说到哪里买。过了 10 多分钟，儿子回来了，买了油条、生煎包子和煎饺。我问他哪里买的？儿子说，我到门口看到保安叔叔，就问他们附近哪里有的买早餐，他们告诉我后我就去买了。

其实，仔细想想，现代社会很多人只会"尊重"那些比他职位更高的人，殊不知你这样考虑，别人也这样考虑，所以职位高的人对"被尊重"早已习以为常；而对于那些职业卑微的人，他们很少被别人"尊重"，所以你给他的任何一种感谢，他们会加倍返回给你。在人格上每个人都是平等的，我绝对相信一个懂得尊重"卑微"的人是真正懂得尊重的。你的孩子永远会看你在做什么，你怎么做。

独立判断

我们与儿子一直是平等交流的，我告诉他在学校里老师和同学都是你学习的对象，但并不是说他们讲的一定都是对的，你一定要学会判断，学会质疑，学会自己去寻找答案。

有的时候老师打电话给我说儿子在学校里又发生什么事情，我会虚心聆听，记下老师的描述，并对老师表示感谢。等儿子放学回来后，我一定会让他就今天的事情再做一个描述，请他谈谈问题和看法，确实很多时候每个人有不同的立场，不一定每次都是孩子有问题，此时家长要能够跟孩子客观公正地去沟通，同时讲明白老师的立场是什么？他的立场代表什么，以此希望孩子从小就能换位思考。事实上"批评"不是目的，我们的目的是要让孩子在每一件事情后学到一些什么。从这个角度来说，"问题小孩"的世界更为精彩，小时候碰到了，长大就更有经验。为此我还专门写了个小文《调皮的孩子在未来社交中更有竞争力》。

调皮的孩子在未来的社交中更占优势。他们最大的问题不是不知道，而是做不到，管住不自己。通常在自己、老师、家长这个三角关系中他们既是问题的制造者，也是"事件的受害者"。但因为他们管不住自己，所以他们更愿意面对问题，怎样与老师沟通使事态不要扩大（向家长告状），同时又做好准备，一不让家长知道，放学回家装得若无其事；一旦被发现，先佯作忘记，后主动认错，积极悔改，两关都过了，天亮了又老方一贴。但随着年龄的增长他们开始关注老师，关注家长，沟通水平与日俱增，为日后走向社会奠定基础。这类孩子在未来社交中由于长期的磨炼已初备技能，适合从事销售工作。

训练独立判断还有一个简单的方法，就是日常语言中少用"他们说"，而是用自己的判断"我认为"既然是自己的判断那就要有依据，从政策入手，从根源入手。人一定要有这样的"质疑精神"这也是未来推动生活变更与创新重要的基础。

❖ **独立的经济能力**

很多家长认为培养孩子的终点就是考上好的大学，好的大学和专业意味着未来的职业，从这个角度来说家长想少了。其实目前每隔十年，职业就有一个大的分化，我们很难预料孩子会从事什么职业，也想象不到未来会衍生什么职业，所以重要的是让孩子具备一些普适性的适合职业的能力。

经济概念就是从小可以培养的。儿子在 11 岁的时候看完了《货币战争(1-4)》，也许他是当故事书看的，没关系，很多的朦胧概念就是从故事开始的。我在那个时候就会带着孩子看房子、看楼盘，给他讲股票，讲保险，让他记账，用记账来支取零用钱。有一段时间甚至是零用钱全开放，只要你记账。记账不是目的，我是希望通过一段时间记录，让他能分析钱的使用方向。

我也专门给他钱，让他去菜场买菜，我通过摄像机跟拍进行记录；让他参与一些财商的活动，总之我希望他是一个生活中的人，一个经济人，他该知道生活中哪些要花钱，大概是多少钱。我跟他探讨过 18 岁后兼职的种种可能，从肯德基到一点点，这些主要是出卖"体力和时间"，家教的话已经开始进入"专业技术和脑力的层面"，如果你有特长可以写稿、摄影，给别人设计旅游线路，从事一些推销方面的工作等等，我告诉他我认为一个有多种赚钱能力的人是一个有趣的人。我会给他很多尝试的可能，让他是一个鲜活的"经济人"，我始终坚信，如果我们通过多年培养，他还没有赚钱养活自己的能力，或者没有超越我们的经济能力，那我们的培养还是失败的。如果说孩子已经在这些方面做好了准备，家长们，你为什么还要那么焦虑呢?

家庭教育的三个基础：自然、乐观、独立是我家教育的独特标签。没有对错，只是一种差异化。

示范是最好的教育

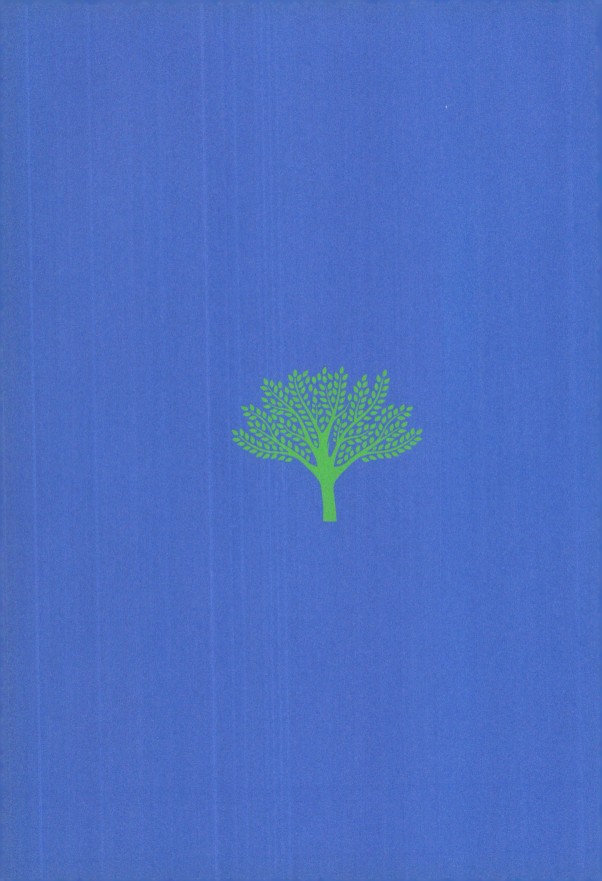

示范是最好的教育 ❖

有句话说"父母是原件，孩子是复印件"，孩子身上出现的问题，在父母身上定能找到原因。示范是最好的教育。我们不必用长篇大论跟孩子语重心长，只需要做给他看。

我们批评孩子放不下手机，你没事老亮着手机屏；我们批评孩子不爱阅读，你一年看了多少本书；我们批评孩子考试才二十几名，你在单位的绩效排名又是如何；我们批评孩子玩游戏没营养，你在苦追的电视剧就有营养？有这样一种说法，当我们用食指指着孩子批评他时，还有四个指头指着我们自己，所以当你要批评别人时，请先找找自己的问题。

"学高为师，身正为范"是对老师最经典的描述，也是一种至高的要求。家长是孩子的启蒙老师，是与孩子相处时间最久，最能潜移默化影响孩子的人。

❖ 给孩子营造一个简单的家庭环境

有妈妈来跟我交流,儿子到了小学高段,有些叛逆,很不好管。通常一问环境,很多是跟爷爷奶奶或者外公外婆大家庭生活在一起。固然,目前职场爸爸、职场妈妈压力不小,回来还要照管孩子的学业,能有机会公婆或者父母来帮忙,就可以轻松不少。但是这样的家庭环境会带来很大问题就是每个人的标准不同。对于孩子来说家里至少有 4 种标准,现在的孩子很聪明,他会利用不同标准为自己争取最大程度的利益,此时妈妈们要给孩子做规矩就困难重重。例如,妈妈觉得孩子玩手机是一个很大的问题,于是每天下班回来妈妈忍着,不在孩子面前看手机,直到孩子睡觉了,她才拿出手机,这算示范得很不错了,但是爸爸没有遵守这个规则,儿子会说,爸爸也看啊,于是妈妈再苦心也无法继续规则。这好,爷爷也看,奶奶也看。如果说爸爸看,妈妈还能跟他达成标准,那么作为媳妇你就很难向公婆去提这个要求。所以最好的方法是尽量给孩子营造简单的家庭环境,例如一家三口独立生活,虽然妈妈可能会更辛苦些,但只要爸爸妈妈两人达成共识,就容易与孩子共同执行。另外,在家庭教育中爸爸的角色很重要,如果妈妈是用爱与耐心呵护孩子的话，爸爸是可以用力量与果敢征服孩子的。

现代社会，很多孩子身上的教育问题，往往是爸爸妈妈们在教育观念上没有达成一致。通常妈妈们对孩子的教育要求比较高，要上什么学校，什么课外班，要取得什么成绩，妈妈心里门清，但爸爸有时就对此不屑，甚至觉得读书好以后又不一定能"赚钱"，差不多就可以了，虽然爸爸不说出来，但他的认知潜移默化的会影响孩子的行动。在家庭教育中，父母两人的认知一定要统一。

❖ 用心陪伴，会开出不一样的花

　　有些妈妈很委屈：为了孩子，特意辞职，做一个全职妈妈，来陪伴孩子的成长。给他报了不少兴趣班，希望看他多才多艺，快乐成长。而事实不是这样，妈妈忙得快把自己逼疯，孩子还经常发脾气不愿意去培训班，花了那么多钱，那么多精力去陪伴孩子，有时候老公还有意见，这真是"吃力不讨

好"。现在有家长把"花钱,花时间"等价成为对孩子的爱与培养,其实这恰恰是一种责任的推脱。

所谓用心陪伴,是你愿意放下手中的事情坐下来跟孩子一起读一本书,给孩子认真讲一个睡前故事,陪孩子一起看一集动画片,一起哈哈大笑,再彼此问一下"你为什么笑",周末跟孩子一起到郊外去走走,一起手牵手,一起奔跑,一起在草坪上撒个野,再来一个大大的拥抱。让孩子看到爸爸妈妈的幸福与小甜蜜,让孩子觉得我们一家三口、一家四口在一起就是开开心心。甚至更高级的方式是你也有小烦恼,让孩子知道,让孩子用他的方式来安慰你,让孩子展现出"妈妈,不要紧,等我长大了我一定会保护你,不让你受委屈的"小小英雄气概。很多时候家长要学会在孩子面前示弱。

关于旅行,有些家长因为日常忙,好不容易遇到假期,就希望充分放松,找个舒适的海岛,五星级酒店,慵懒地躺着,让孩子在周边嬉戏。其实孩子的旅行最好是充分的玩,各种的观看,还有让他尝试一下"苦旅",这将会有极大的收获。毕竟孩子眼中的世界跟成人的世界不一样。

爱，不要成为负担 ❖

　　我不太赞成全职妈妈这种方式，很重要的一点，当我对一件事情倾注太多的时候，我们本能是需要回报的。我为这个家付出多了，我本能希望老公更爱我，更理解我；我为孩子付出多了，我本能希望孩子能够鹤立鸡群，各种优秀。久而久之，这种爱可能会成为一种负担。其实，生活最重要的是"做好一种平衡"，平衡好你自己的身体与精神，平衡好你的夫妻关系，亲子关系，婆媳关系，平衡好你的事业与生活，平衡好物质生活与精神生活。无论哪一方面没有平衡好，一定会对个体产生影响。

　　诚然，孩子小的时候需要的是妈妈的呵护、关爱，任何时候看到妈妈就是安心。伴随着孩子长大，逐步从自然人变成社会人，从小学到初中，他知识的累积，他对竞争的理解，他开始习惯于早上去学校，傍晚甚至晚自修后才回来，他会越来越发现，妈妈与我有差距，妈妈没有新的学习，妈妈不需要竞争排名，妈妈不需要朝八晚六，妈妈不懂这个社会……于是妈妈在若干年的付出后可能被她最爱的人抛弃了。因为妈妈不工作，理论上爸爸就要更努力、更有压力，爸爸在接受竞争，也在快速成长，回过头发现妈妈好像真得没有更多的社会进步。其实每个人做好自己,就足矣。我们用让自己更美好的方式给孩子做示范。让爱成为自觉的付出,家庭的纽带,而不要成为别人的负担。

示范是一种身体力行，也是一种简单坚持 ❖

我热爱自己所从事的工作，二十多年，没有换过行业，我认为未来它有更好的发展。我在这个行业认识了先生，我们一起在这个行业努力。我经常会告诉儿子我服务的行业非常好，如果你也喜欢的话，可以继续在这个行业发展。

在这里，我个人成长特别快，也为社会贡献了很大价值。在这个行业，我们家庭的物质生活不错，精神生活更为丰富，因此我们热爱，我们总是正面积极地看到每一个机会，每一个问

题，不抱怨，去克服，去解决，去推动行业的发展。我想，这种示范会带给孩子正力量。

有句话说"读万卷书，行万里路"，我们的家庭是一个实践型的家庭。我们都热爱阅读，虽然每个人的方向不尽相同，但正是这种差异，使家庭每天的晚餐格外有趣，既有对美食的贪婪，又有大家的各抒己见甚至针锋相对。阅读是输入，如果没有输出，这些信息是不能真正被消化的，也不容易融会贯通的。所以我们的晚餐谈话课既是知识的交流，观点的碰撞，也是一种综合输出，这在孩子未来系统观点的形成方面有极大的价值。

我们家另一个重要的仪式就是十年来始终坚持的"家庭长途自驾游"我们用自驾的方式去认知和感受这个世界。因为这是一个快节奏的社会，很多人旅游也因"两点之间线段最短"而选择飞行。固然，飞机的效率最高，但在飞行中也穿越了历史和文化的积淀，浓缩或省略了对他们的回味，于是旅行仅仅成了走马观花，最后的结果就是"哦，那个地方我去过，好像也没有什么特别"。我希望全家一起以自驾的方式，穿过省界，走过古城，感受历史，亲历乡情……如果说这是早些年对旅行的想法，那么随着这些年开启的国外自驾，我有一个新的感触，我们可以以这种方式归零，寻找到一种比较原始的人的共生状态。我们没有所谓的"身份地位"甚至没有共同的语言，让你在一个陌生的国度，陌生的地域开启一段生活。"让身份归零，让你拥有的很多技能归零，去感受这个世界"。手语是最好的交流方式，微笑是一切关系的开启，用眼睛去观察别人的表情，用耳朵去感受别人语气，然后去猜测他可能表达的意思，这是一种多么美妙的体验。下面就重点来说说我这些年的旅行感悟吧。

道不尽的路 ❖

喜欢笔直平坦的高速公路，因为它链接着未知的大千世界。

喜欢黄土碎石的乡间小路，因为它能让你回到记忆的起点。

喜欢人烟稀少的戈壁公路，因为你就是天地间的唯一。

喜欢搓板颠簸的珠峰之路，因为它承载了登顶的神圣。

喜欢一望无际的草原天路，因为它有世界尽头的辽阔。

喜欢游弋茫茫的沙漠公路，因为它有千年胡杨的桀骜。

喜欢热情奔放的海滨公路，因为它有阳光沙滩的诱惑。

喜欢树影斑驳的森林公路，因为它有历史刻进的年轮。

川藏、青藏、滇藏、新藏、中尼，

沙漠公路、独库公路、中巴公路，

厦门环岛路、蒂阿瑙的 SSR、安塔利亚的蓝绿海岸线，

临江屯、塔什库尔干、因弗卡吉尔、施泰因、博德鲁姆、莫斯塔尔……

一切的一切，我们用车轮压过的每一段路，都映入眼帘，存入大脑。扑面而来的记忆，蠢蠢欲动的心，下一个目的地是哪里。

❖ **界是一种仪式感**

　　我们的旅行，经常会追随一些边界，例如专门去看下界碑、界河、国界线、边境线，某条路的 0 公里处、终点处等。似乎这些"界"会让人油然而生仪式感。樟木的中尼边境友谊桥，中巴边境的红其拉甫口岸，中俄边境迷人的额尔古纳河、中朝边境的鸭绿江……界河，是一条流动的国境线，也是两国人民和谐共处文化融合的纽带。

　　很多驴友对 318 国道痴迷，它又称沪聂线，是中国最长的一条国道线。起点为上海人民广场，终点为西藏日喀则市聂拉木县中尼友谊桥，全程 5476 公里，经过上海、江苏、浙江、安徽、湖北、重庆、四川、西藏八个省份，几乎沿着北纬 30 度一路前行。0 公里的人民广场代表现代中国金融的繁华、2888 公里处的康定是真正意义上进入藏区的标志；拉孜附近的 5000 公里处是驴友很爱的拍摄点；樟木口岸的 5476 公里牌则标志着 318 的结束，中尼友谊的链接点。将一条中国最长的国道从 0 走到底，心中油然升起崇敬感。

　　在欧洲申根国家，国界线就没有那么"神圣"，经常是一个不小心就穿越了国界。忽然觉得是不是错过了什么，折返回来再看一眼，依然没有什么特

别。今年出走的塞尔维亚和波黑又是另一番场景,因为是陆路驾车通过,所以两边需要出入境,这就发现不同国家边境文化的差异,无论如何当边境的移民官在护照上重重地盖上戳的时候,旅者的内心还是有些小悸动。仪式感是什么?它是我们在一种边界状态感受它的独一无二。

标准化，世界本大同 ❖

　　近年来，出境旅行越来越流行。在国外自驾主要解决这样几个问题，租车、住宿、饮食和语言。目前租车平台非常丰富，无论选择国内公司还是国外公司，无非只是条款和价格上的差异，境外租车最关注的是保险和紧急救援的问题，熟悉当地的路况与交规也非常重要。关于住宿，基本是两大类，一种是标准酒店，另一种是可以自助烹饪的酒店或民宿。为了适应来自世界各地的游客，很多酒店和民宿也做了统一标准，例如标配的电磁炉、冰箱、微波炉，有些还配有烤箱，各式的锅与刀叉。如果自己能带个小电饭锅煮个饭或者粥的话，生活就更加完美。卫生间是标准的马桶、洗漱台和淋浴房，床铺，床品也都大同小异。不知道这种标准化是如何普及的，唯一的差异可能是不同国家的老百姓在装修用色上的些许差异。在这种大同之外，还有人虽然肤色不同，样貌不同，语言不同，但微笑是最好的通行证，手语是最直接的沟通方式，货币或信用卡成为交换的基础。走出去，世界本大同；看过来，世界又不同；这可能是旅行的魅力。

❖ 奇妙的大自然

　　这些年旅行中，看过无数的星空。印象最深的是珠峰大本营，那天到达大本营时天空阴暗，勉强看到了珠峰顶的一丝金光，然后就是滂沱大雨，半夜里，儿子兴奋地把我唤起，说是外面满空繁星。我将信将疑，心想傍晚那么大的雨，半夜怎么可能有星星呢？当我来到帐篷外的时候，确实是被震撼到了——像瀑布一般的银河，如同小时候故事里的场景再现。还有新西兰南岛牧羊人教堂的星空，也是让人迷醉的。那个时候是新西兰的冬季，气候干冷，天空格外通透，漫天的星星像是在眨眼，有一种摄人心魄的美。仰望星空，似乎在与历史对话。虽然我们所处的位置不同，但对星空的神往始终如一。

　　在我们小时候，四季轮回是固化在脑子里的概念，但随着航空的普及，以旅行的方式穿梭季节已经成为一种可能。寒冷的冬日，一张机票就可以来到热带海滨；酷暑的夏日，一张机票瞬间来到清冽的库克山脚。

　　北纬30度附近有很多美妙的景观，国道318就像串珍珠一样将他们串到了一起，这是大自然的神奇力量，也是我们发现世界的一种方式。奇妙大自然，只有在行走中才能感受和触摸。

人与墓碑 ❖

有一个词叫"出生入死"。可以理解为人从出生开始就进入一个终点为死亡的旅程，不过每个人的旅程时间不一，有的人很短，有的人很长，但目的地一致。从这个角度来说，死亡是一种客观存在；但从人对自身生命的探索来说，人对死亡是恐惧的，回避的。不同国家、不同地区对死亡的认知不同，每个地方的墓葬文化也会差异很大。

今年暑假去了波黑，其中对于墓地墓碑留下深刻印象。因为之前波黑战争的影响国内有大量的墓地，很多墓地就在市中心，可能就是你去早餐的路上、逛景点的路上或住所的隔壁。刚到达波黑的时候有些许的不适，随着待的时间长了以后，才慢慢适应。其实一个人能客观地看待生死，坦诚地接受生死，从而激发出对生命的尊重与向往，可能是她真正成熟的标志。旅行，很多时候是让你看到了不一样的人生。在波黑，你能看到经历战争之殇后人们更张扬的青春和更用力地享受，抑或是更淡然的眼神，每个人的内心只有他自己懂得。

生命是个奇妙的东西，它既是一个个独立的个体，又是一种家族的传承。每个人的生命都是一张单程票，没有剧本，没有演练，没有彩排。我们都是新手，我们无法教育孩子什么，我们只能与孩子一同成长，一同感受，彼此影响和学习。我们是有知的，孩子是未知的，我们要用一种探索精神去示范，去引领，希望潜移默化地影响他。

这十年，我用车轮碾过的记忆：

2009 年，西北乡愁。

2010 年，一路向北。

2011 年，走近云贵川。

2012 年，西藏深度。

2013 年，大美新疆。

2014 年，新西兰南岛。

2015 年，蓝色土耳其。

2016 年，再行西北。

2017 年，德国深度。

2018 年，漫步巴尔干。

我喜欢的 10 个故事

阳光不锈 ❖

　　一直很喜欢这个名字，源于一个智慧的行者。很多年前在《读者》上看到的，但一直找不到原文，凭记忆和发挥一下吧！

　　一个酷爱旅行的人坐着大巴来到了一个小镇上，当大巴缓缓停下，他透过车窗看到对面小店的招牌写着"阳光不锈"。他非常好奇，在这样一个小镇上，一个叫"阳光不锈"的小店应该是卖什么的呢？空气？爱情？快乐……

　　正当他大脑快速地思索时，大巴慢慢开动了，忽然他发现"阳光不锈"不是小店的全名，小店的全名居然是"阳光不锈钢厨具"。

　　说到这里很多人会莞尔一笑。其实在我们的生活中何尝不是如此，恋爱的美丽让我们看上了他（她）全部的美好，婚姻的现实恰恰是每个人都有各自的生活习惯、生活方式、思维逻辑以及优点和不足。如果问你现在你可以得到一样东西，不过要二选一，一个是"阳光不锈"的感觉，还有一个是一套"阳光不锈钢厨具"，你会选哪个呢？

❖ 戒指与婚姻

戒指是很多女孩的最爱！

女孩会因为各种原因为自己选择一款别致的戒指，为了犒赏一下自己，为了发泄一下情绪，为了结束一段恋情，为了纪念一种开始。唯一，结婚戒指是必须要由心爱的他陪着去选购的。因而婚戒会成为她一生中最钟情的那个饰品。

结婚戒指通常是皇冠型的，因为只有皇冠才能显示结婚当天的与众不同，因为只有镶嵌在冠扣上那璀璨的钻石才能代表他是多么的爱你，因为只有在那种切割的钻石光芒下你才会幸福的"智商下降"，在结婚的第一年中你都会视婚戒为甜蜜、幸福与荣耀。

慢慢地当孩子降临后，你忽然发现，皇冠的钻戒很麻烦，会刮到宝贝细嫩的皮肤，会刺伤爱人的肌肤，会让一双80元的丝袜顿时报废……某天在你整理首饰盒的时候，忽然发现你早已不带的最简单的环形戒指，原来是那么的自然平静不张扬，更像为人妻为人母的你，于是毅然换下你手中的结婚钻戒，带回到婚前那个情人节你与他交换的对戒。

　　生活总是这样，需要光炫的那幕，但更多时是在淡淡的品味，这时你就开始绽放成熟女人的魅力了！有时，璀璨是用来告诉别人你的责任的。

❖ 耳　朵

有一天，咖啡杯和玻璃杯同时走在路上。

突然，后面有人喊："小心啊，有车！"

结果，玻璃杯被压碎了，咖啡杯没事。

为什么呢？

因为咖啡杯有"耳朵"，玻璃杯没有！

很智慧的小故事——咖啡杯的"耳朵"。耳朵每个人都有，但是每个人的功能都不同，有的善于分辨美妙的音乐，有的善于聆听别人的教诲，有的则充耳不闻。别人同样讲了一句话，每个人听到的，理解的都不尽相同，这就是个体差异。听，首先是一种态度，其次是一种技能，这些都是输入；说和写则是输出，有了输入和输出，才形成完整的沟通循环。学习也是这个简单的道理。虽然只是一个小小的隐喻，但聆听真的很重要，上帝给了我们两只耳朵，一张嘴，目的就是为了让我们多听、少说。

大家都有病 ❖
——观话剧《大家都有病》有感

　　为什么喜欢看话剧？喜欢舞台的玄幻布景，喜欢演员的表现张力，喜欢那种肢体上的肆无忌惮，喜欢辛辣语言中的玩世不恭，喜欢台词中的耐人寻味。

　　就像"你有病吧？"传统世界里，要么说"你才有病呢"要么说"我没病，凭什么你说我有病"甚至有可能引起斗殴。但其实你如果回答"你有药吗"这多经典，因为跟有些人辩驳是无趣的。

　　"你有药吗"既成全了别人发现的乐趣，诊断得精准，又隐喻了你也有病，否则咋会有药，大家都不吃亏。其实想想，这个社会有病的人多了去了，盲从病、缺乏主观意见病、东施效颦病、无病呻吟病、这山望着那山高病……中国大多数人在考进大学前是有目标的，目标就是考进大学，但进入高校校门后就开始迷失……

　　"你有病吧？"

　　"你有药吗？"

　　这是怎样的精妙回答。

我们这个时代的人,情绪变得很多,感觉变得很少;心思变得复杂,行为变得很单一;脑的容量变得越来越大,使用区域变得越来越小。更严重的是,我们这个世界所有的城市面貌变得越来越相似,所有人的生活方式也变得越来越雷同了。

就像不同的植物为了适应同一种气候,强迫自己长成同一个样子那么荒谬;我们为了适应同一种时代氛围,强迫自己失去自己。

小时候我觉得,每个人都没问题,只有我有问题。长大后我发现,其实每个人都有问题。当然,我的问题依然存在,只是随着年龄又增加了新的问题,

现代人最需要处理的,就是长大后的各种心理和情绪问题。

我们碰上的,刚好是一个物质最丰硕而精神最贫瘠的时代。每个人长大以后,肩膀上都背负着庞大的未来,都在为一种不可预见的"幸福"拼斗着。但所谓的幸福,却早已被商业稀释而单一化了。市场的不断扩张,商品的不停量产,其实都是违反人性的原有节奏和简单需求的,激发的不是我们更美好的未来,而是更贪婪的欲望。长期的违反人性,大家就会生病。当我们"进步"太快的时候,只是让少数人得到财富,让多数人得到心理疾病罢了。

是的,这是一个只有人教导我们如何成功,却没有人教导我们如何保有自我的世界。我们这个时代,对我们大家开了一场巨大的心灵玩笑:我们周围所有的东西都在增值,只有我们的人生悄悄贬值。世界一直往前奔跑,而我们大家紧追其后。可不可以停下来喘口气,选择"自己",而不是选择"大家",也许这样才能不再为了追求速度,却丧失了我们的生活,还有生长的本质。

前年底,我得到了一个"新世纪10年阅读最受读者关注十大作家"的奖项,请友人代领奖时念了一段得奖感言:"这是一个每个人都在跑的时代,

但是我坚持用自己的步调慢慢走，因为我觉得大家其实都太快了——就是因为我还在慢慢走，所以今天来不及到这里来领奖。"

这十年里，我看到亚洲国家的人民，先被贫穷毁坏了一次，然后再被富裕毁坏另一次。

其实社会的现代化程度越高，越需要幽默。我做不到，我失败了。但我还能笑。这就是幽默的功用。漫画和幽默的关系，就像电线杆之于狗。

大家都有爱；大家都有玩；大家都有梦；大家都有错；大家都有钱；大家都有病。

我们真正需要的是：慢时尚！

（《大家都有病》文摘）

❖ 公主要月亮

在很久很久以前,有一个国王非常宠爱他的公主,公主要什么他都会满足。有一天,公主忽然说要天上的月亮。于是国王召集了所有的大臣,限定他们一周时间想办法给公主拿来月亮。

大臣们都很担心,也很着急。正常人都知道怎么可能摘下天上的月亮呢?但如果一周之内无法做到,他们有可能性命不保,于是人人自危。正当大臣们一筹莫展的时候,有个宫廷里的小丑跳了出来,他说我有办法。大臣们一方面很是不屑,心想"一个不知死活的小丑",另一方面也有些期盼,如果他硬要跳出来,是不是以后责任也由他承担了?

小丑来到了公主的房间,与公主交谈起来。

小丑:"公主,你是不是喜欢天上的月亮?"

公主:"是啊。"

小丑:"公主,那你觉得月亮是什么东西做的呢?"

公主想了下,说:"月亮是银白色的,很光滑,应该是白银做的吧。"

小丑又问:"公主,那你觉得月亮有多大呢?"

　　公主想了想，说"你傻啊？"她伸出大拇指，放在眼睛和月亮之间，在某一位置刚好大拇指遮住了月亮，于是公主说"月亮应该跟我的大拇指这么大。"

　　于是小丑退下，吩咐工匠用白银做一个公主大拇指盖大小的圆形的月亮。事情就这么超出所有人意料顺利解决了。

　　很多时候当我们碰到一个困难的问题要求解决的时候，千万记得，不要一个人闭门造车，用自己的思维去固化。我们应该走出去，跟当事人聊聊，多听听他的真实想法，也许困难就迎刃而解了。特别是在与孩子沟通的过程中，你真的不知道他小脑袋瓜里想的是什么，所以要鼓励孩子表达，鼓励他们说出真实的想法，这样才能搭建良好的沟通平台。

❖ 要吃什么,自己去买

有个人到河边钓鱼,先穿了个树叶,半天没鱼上钩;他又换了块面包,半天没鱼上钩。

没办法他只好去换蚯蚓,还是半天没鱼上钩。气愤之下,他掏出100元摔入水中:"喂,要吃什么!自己去买!"

其实,我们家长对孩子的教育何尝不是这样呢?有时我们只是把自己小时候没有实现的兴趣爱好强加给了孩子,有时我们只是跟风让孩子学一些"别人都学的"东西,有时我们也会生硬地把钱扔出去给到各式各样的补习班,以为只要我给孩子花了钱就尽到了家长的义务。就像钓鱼,真正的高手首先是热爱,其次是用心,最后是执着。每个孩子都是天使,我们应该好好思考作为家长的职责。

前段时间看了《三傻大闹宝莱坞》,非常喜欢。原因有三:一是喜欢镜头中的美景,有机会一定要到那里开车感受一下,太美了,伴着印度音乐,简直就是人间仙境;二是喜欢它对教育目的、教育成果的反思,构思巧妙,入木三分;三是强烈支持人一定要有梦想,追逐自己的梦想去快乐的生活、工作和学习。

谁在享受西湖 ❖

到了年关，人就特别容易变得多愁善感。工作忙了要抱怨，工作空了又在思考人生怎会如此空虚，浪费生命。

午休时间，一个人跑到了西湖边。

一直在想：什么人这么幸福，可以在平日里享受慵懒阳光下的西湖？

看到了一对满头银发的老人，

看到了洋溢幸福笑脸的母女，

看到了流浪艺人在慵懒阳光下的期待，

看到了游客的满足，

看到了保安们的茫然，

有的人在享受生活，有的人在工作。即便在同一景致下，角色不一样，心境也不同。

大概很少有人像我这样喜欢在喧闹中体会孤独，心里不断猜测：为什么他可以不上班而在此享受阳光？他是从事什么职业的？ 他是……反正，有的时候，时间是用来浪费的。

看看朦胧的湖面，波光粼粼的感觉，油然而生一种幸福感，有一种"逃学"的窃喜。

别了，美丽的西湖，释放的心情。跳上 5 路公交车，原来想象中的生活与现实的工作那么近，只有一站的距离。

善待别人的高度 ❖

　　有一位高中女教师，在很多年之前，她的丈夫在一场车祸中丧生了，而她一个人却培育了三个博士生女儿。同时，她教的很多学生也都成绩优异，让同事和朋友们都感到不可思议。

　　在一次采访中，她向记者透露了她教学与教子的秘诀：不要指望别人都和你的见识一样！接着，她向记者讲述了这样一个故事：十多年以前，她的女儿正在上幼儿园。有一天，她看到了女儿的一张绘画作品。当时，她一下子就怔住了。孩子总是充满了想象，孩子的世界也应该是一个充满了想象的世界。可是，在她女儿的一幅名为《陪妈妈逛街》的画中，既没有高楼大厦，也没有车水马龙，更没有琳琅满目的商品，有的只是数不清的大人们的腿……奇怪！她拿着女儿的画沉思了很久，终于解开了疑惑。原来，幼小的孩子只有几岁，身高只能达到大人的腰部，走在大街上，川流不息的人群将孩子遮掩着，孩子除了能看到大人们的腿，还能看到什么呢？

　　女教师如梦初醒。是啊，孩子们上街看到的不是高楼大厦和车水马龙，而是大人们的腿，这是他们的身高决定的；学生对很多问题疑惑不解，这是由他们的年龄、智力和见识决定的；企业的员工看到的只是自己的工资待遇和发展前途，而不是公司的整体运行和未来发展，这是由他们所处的位置和环境决定的……并不是每个孩子都能和大人用相同的视角来看待社会；并不是每个学生都能和老师一样有相同的接受能力和认知能力；并不是每个员工都能和总裁一样站在公司的全局看待问题、分析问题和处理问题……女教师说，不要埋怨别人无知，不要指望别人和你站在同样的高度。其实，一个人所处的高度，决定了他的见识。与其埋怨别人，不如用一种亲近的态度和平和的心态去和别人交流、沟通、兼容……这样，你就可以做一个好家长、好教师、好经理，甚至是好总统。

善待别人的高度，不要指望别人和你的见识一样。教子、教学、为人处世、管理一方，其实就是这么简单。

人生就像茶叶蛋，有裂痕才入味 ❖

　　有一个年轻的女孩无论工作、感情都百般不如意。心灰意冷的时候，她突然怀念起"妈妈的味道"，想念起母亲常常做的茶叶蛋。于是，她打电话给远在南部的母亲询问做法，到市场买了佐料与鸡蛋，回家自己动手做。但奇怪的是，尽管蛋已经在卤锅里滚了好几个小时，但拨开蛋壳一看，蛋白仍是白色的，吃起来不但一点也不入味，蛋还被煮得又老又硬。女孩觉得丧气极了，心想：为什么我连简单的茶叶蛋都煮不好呢？

　　后来，女孩回到家乡，母亲特别准备了她最爱吃的茶叶蛋，味道还是如同记忆中一般美味。女孩百思不解，不知道为什么自己做的茶叶蛋就是没味道，便向母亲询问。母亲一听，笑着说："你忘了最重要的一个步骤——蛋下锅前，要先轻轻敲出一点裂痕，这样才能入味啊！"女孩听了，恍然大悟。

　　母亲一面忙着厨房里的工作，一面跟女孩说："其实，人生也跟茶叶蛋一样。凡事一帆风顺的人，往往难以拥有丰富的内涵；一个曾饱经风霜，人生曾出现裂痕的人，他的人生才能'入味'啊！"接着，母亲看着她，温柔地笑着说："所以，妈妈相信你遇到的挫折，也能替你的人生加分！"女孩一边吃着美味的茶叶蛋,一边听着母亲的话,眼泪不由自主一滴滴地落在茶叶蛋上。

的确,面对人生中的苦难,我们难过、懊恼、抱怨,但其实顺境与逆境,都是生命的一部分,当你明白了并接受人生的不完美,你将会发现,每一道受伤愈合的伤痕,反倒让你的人生活得更加精彩。

笃栗子 ◆

——做父母的智慧

杭州人都应该知道这个意思吧，要表达成普通话还有点难的。笃栗子就是握起拳头，用中指的指关节敲打脑袋，通常是用来提醒和教育别人的。杭州家长有时会对小孩子说"笃栗子要不要吃？"

有个小朋友放学回家来跟她妈妈说老师在他上课不认真的时候会给他吃"笃栗子"的，所以他不喜欢这个老师。妈妈听了以后就问孩子"老师除了给你吃笃栗子以外还给别的小朋友吃笃栗子吗？"孩子摇摇头。妈妈又问："那你觉得老师自己的儿子有没有吃过笃栗子？"孩子想了想说："那应该有吧"。妈妈于是说："你看老师对你多好啊，把你当儿子一样看待，因为老师看重你，才会对你要求严格啊。"孩子听了以后似懂非懂地应了一声……

其实，如何去引导孩子以积极正面的角度去看待问题是家长们的必修课。它对家长有两个要求：一是家长自己要有一个客观积极的态度；其次是用最通俗简洁的方式引导孩子正面地看问题。

给大家分享一个《父母座右铭》

生活在批评中的孩子学会批评。

生活在仇视中的孩子学会仇视。

生活在恐惧中的孩子学会恐惧。

生活在妒忌中的孩子学会内疚。

生活在包容中的孩子学会忍耐。

生活在鼓励中的孩子学会信心。

生活在称颂中的孩子学会欣赏。

生活在诚实中的孩子明白真理。

生活在公平中的孩子学会公义。

生活在接纳中的孩子学会爱。

生活在有安全感中的孩子学会自信。

你的孩子生活在什么样的环境中呢?

教养孩童,使他走当行的路,就是到老也不偏离。

心有灵犀

成长试验 ❖

妈妈篇

2009 年 8 月 2 日，值得纪念的普通日子。

下午 2 点，儿子忽然问我："老妈，今天图书馆能不能借书的?"我想了一下说："周日可以的。"儿子又问："那你能不能带我去图书馆啊?"我说："今天没空。"转念又开玩笑说了句，"要不你一个人去试试看?"当时儿子 9 周岁不到，家里离少儿图书馆大约 14 公里，他从未单独出行过。

儿子想了一下说"好的"，既然说了，我也就顺水推舟，"好，给你一张月票，再带 10 元钱，带上书和借书证。记住，路上最能相信的是交警，有事情找交警叔叔，让他们给妈妈打电话，不要随便和陌生人说话，过马路要两边看看，知道公交车哪里下车吗?"我一口气说了好多问题，儿子说："知道了。"于是，将他带到 37 路车站，到了车站他下来，说了句，"运气不够好，还要等车。"在关车门时居然一下没关上，我说："儿子，你是不是有点紧张啊?"儿子说："没有，给我一瓶水，你们走吧!"于是给儿子拿了瓶矿泉水，我们就把车开走了，留他一个人在站台等公交车。

　　我问老公："儿子一个人去你放心吗?"老公说："说实话,我不放心,你应该让他自己先坐车去一趟外婆家,这样至少我们知道时间,一个小时,两边看牢就可以了。可是让他自己去图书馆,坐公交车来回至少 3 个小时,万一有什么事,真不放心。当然啦,你说放心,那就放心呗!"确实,老公这么一说,我也有点紧张了,忽然想到"忘了给儿子把矿泉水瓶打开了,他会不会自己打不开,让陌生人去开,会不会坏人乘机放迷魂药啊……"天哪,越想越紧张。我说,这样吧,我们把车掉个头找个角落看儿子有没有上车,于是,我们躲到一个路口,远远看儿子上了 37 路,时间是下午 2：20,细心的老公还记住了车号。接下来去接婆婆一起去超市,婆婆上车听说孙子一个人坐公交去黄龙还书,当即说："你们去超市吧,我坐车到图书馆去看天天。"我说："妈,没关系的,天天大了,可以锻炼一下了。"(说实话我更愿意相信儿子能自己从容面对一切)婆婆还是有些不放心,我说,那要不我们去陈经纶那里,也就是 37 路终点站找个地方瞭望吧,婆婆和老公当即同意。于是,带着百感交集的我们"潜伏"在了 37 路对面。48 分钟后,也就是 3：08,那辆 37 路来了,好久没看到儿子下车,我心里有点急了,忽然看到一个穿绿衣的小男孩慢吞吞地在走,手不停地往兜里揣东西,好像是努力在把月票放进后屁股袋里(因为我告诉儿子月票不要放在斜口袋里,会掉的,要放在有扣子扣住的后裤袋里)看到儿子认真地放月票我心里很开心。儿子慢慢朝少儿图书馆走去。

　　根据经验从车站走到图书馆,还书、借书,再返回车站估计要 40 分钟,在确认儿子快走到图书馆时,我跟婆婆找了黄龙洞边上的一个草地,在那里既能看到等下儿子从这里返回车站,又不易被发现,于是我和婆婆又换了个位置"潜伏"。半个小时过去了,我跟婆婆都拼命盯着儿子从图书馆返回的方向,忽然婆婆说："来了,来了!"于是我们俩都很敏捷地一闪,过后发现,不是的。又过了 10 分钟，儿子走了过来，我们远远看着，他拿着一袋书朝车站方向走去，我跟婆婆分别沿着里面的小路跟过去，过来一辆 66 路，又过来一辆 28 路，我们就躲在车站后面的草坪里，忽然儿子跑了起来，婆婆吓了一跳以为被他发现了，然后才看到，原来又来了辆车，儿子因为不够高，看不出是几路车，于是朝站台后面跑去，慢慢地一辆 37 路驶来，时间是 3:58 分，人有点多，没看到儿子是否挤上了。车开走后，我到站台扫了一圈，没看到儿子的影子，应该是上车了。于是给家里打了个电话，告诉在家等着的阿姨说："我估计天天在 4:40–4:50 会到家，他到家给我打个电话。"于是老公、我、婆婆三个人放心地去了超市。

4:45，电话响起，是家里的。我故作镇静地接起电话："是谁呀？"儿子说："妈妈，我回到家了，你要奖励我。"我说："路上顺利吗？"儿子自豪地说："简直是太顺利了，你再奖励我 10 元钱吧！"

晕，原来这才是他的动力！没有告诉儿子"跟踪之事"，我更愿意他平淡的相信，我们就是信任他的，成长总是在一点点的风险和很大的惊喜中进行的。实验成功。儿子，我为你骄傲。

儿子篇

2009 年 8 月 2 日　星期天　晴

今天,我第一次一个人独自去"浙江少儿图书馆"还书和借书。

我坐上 K37 路车,找了一个靠窗的位置坐下来,我暗暗高兴,坐上公交车心里踏实了许多。我把装书的袋子抱在胸前,以防把它丢了。当我听到喇叭里播出"终点站黄龙洞到了",我赶紧拿着袋子下车。下车后,我沿着 37 路车站往回走,走过车子转弯的三岔路口,顺着曙光路继续往西走,我走啊走,看见了"浙江图书馆的大门",我知道离"少儿图书馆"不远了。心里一阵高兴,就三步并作两步飞快地走过去。一进大门,我想到妈妈叫我不要磨蹭早点儿回家,我就连忙到机器上去还书。我先点击了"还书",再把书和卡放到红外线扫描处,过了一会儿,屏幕上显示出"确认还书"四个字,然后用手点击,到屏幕的表上全部显示"空白"这样表示书已经换掉了,最后我把书放进书箱。还掉书后,我进入一楼的图书阅览室,挑了六本《淘气鬼马小跳》,按要求借好书装进袋子里,我顺着来时的路线迅速返回 37 路车站,坐上车子回到家。

今天我很开心,我能自己独自去还书借书了,以后我要学习更多的事。

上面是我写的成长试验,大约一个月后,偶尔在儿子的作文本里发现他也就此事写了一篇小文,是以摘抄。其实同一件事,妈妈和孩子的角度截然不同,妈妈关注的很多是事外之事,孩子关注的是事情本身,这就是角度的不同。所以当我们跟孩子遇事有冲突时,不要焦虑,可能只是角度不同,毕竟孩子总要独立成长的。

我们彼此的信 ❖

2014 年元旦前，老师发来短信，请家长给孩子写一张贺卡，放在学校的传达室。于是我给孩子准备了一张贺卡和一封短信。

HI，儿子：

时间过得好快，转眼 2013 年即将过去，你也做了半年的中学生了。在这一年，你的知识越来越丰富，涉猎的领域越来越多，越来越有自己的独立观点，一切都向我希望你的样子的方向去发展，这一点，作为妈妈真的非常开心，也对未来充满了信心。

不过，你也是一个调皮的孩子，有的时候思维过度活跃，因而会偏离重点；有的时候你有自己小小的个性，而忽略了别人的感受和善意的建议。另外就是你在学习上不够踏实，对自己要求不够严格。

新的一年里，妈妈想告诉你：作为一个男人，要逐渐成熟，懂得承担。成熟有三个标志：

1. 要有责任感。明白学生的首要职责是不折不扣的完成学业，以优异的成绩回报老师、家长和学校。

2. 要学会尊重。每个人都有任性的童年，但随着年龄的增长要越来越懂得尊重别人，换位思考，即便你对某一个决定、某一件事情有看法，也要用合适的方法去沟通。

3. 言必行，行必果。男子汉，话说出去了就要全力达成。预估要有依据，承诺一定要兑现。

爱你的妈妈

2013.12.30

元旦那天，收到了儿子回的卡。信封上写着"郭大大、胡大大收"（原来是老师让他们给家长也写张贺卡），把他的内容摘下来：

爸爸、妈妈：

2014 年的钟声已经敲过，2013 已经圆满结束，新的一年到来了。在过去的一年里，我度过了人生的一个重要转折点——小升初。这本是个不平凡的一年，但我们提前两年准备了，所以没什么问题。在这过去的一年中，我人长高了不少，也学习了很多知识，很快乐。但是还是有一点小小的瑕疵，就是手机、IPAD 和电脑都还有密码锁。

在全新的 2014 年，我会努力学习，提高自身涵养，争取在 2014 年底进入年级前 48 名，并且多学几个菜，看几本书，学几门手艺。

祝你们在 2014 年工作顺利，步步高升，越长越年轻，并把 IPAD、电脑和手机的密码清掉，不再加密了。

神的祝福 郭天辰

2014.1.1

再一次感谢老师们的用心。

珠峰大本营 ❖

妈妈篇

在十年自驾中，"西藏深度"印象深刻，特别是珠峰大本营的夜仍历历在目。在上珠峰前，我们开了个家庭会议，投票决定是否在大本营住一晚，那年儿子11周岁，从小他在家里就有平等的投票权。我出于安全考虑，坚决不想住，儿子想住，老公有些犹豫。关键时刻，儿子说："爸爸妈妈，其实住不住都没关系，特别像我这个年纪以后珠峰大本营肯定还要来过的，但是对于你们俩来说，很可能就是去一次，以后就不会再来了，因为这样，我建议我们还是在上面过一夜，高原反应的话吸吸氧也没什么问题。"当时听了儿子如此严密逻辑的一段话，以及他分析的情况，我在心里是很开心的，于是全家通过在大本营住宿一晚。

上珠峰那天，因为是从樟木返程，就从老定日（岗嘎）上，路程比新定日近80公里，但到绒布寺前全是土路与碎石路，很多地方甚至要下河床。当然这条路很少人走，一路上也只遇到了两辆来车，经常怀疑是不是开错了，导航也只是指个方向而已，一直到绒布寺才恢复功能。车窗外完全是寂静的旷野，像是在孤独的星球上只有我们三个人在一起，但想着今天要去这辈子能到的最高海拔的地方，心情还是很激动。路上走走停停，捡了不少石头，儿子说这是几千万年前海底带来的，要收藏。车子只能沿着淡淡的车辙印去猜方向，好几次是走一段发现错了再回头，还遇到一个精神矍铄的老人赶了一辆马车，乐呵呵地给我们指了珠峰方向并在嘴上念叨"珠穆朗玛"，我们赶紧道谢。这似乎是我们曾经走过的最孤独、最荒凉的路程了，庆幸的是我们终于走出来了，终于安全到达了5200米的大本营。去观景台看到8848米的珠峰，觉得很近，也不高。因为乌云密布又有点高原反应，所以很快就回到大本营休息，此时外面下起了雨，晚饭也没吃就昏昏沉沉入睡了，睡到半夜，

儿子兴奋地来叫我说是看看外面的星空，我半信半疑，走了出去，刹那被震撼了，传说中的银河繁星，奈何相机怎样也无法收录这壮观的美景。儿子一晚上很是兴奋，拿着相机到处拍，还跟其他游客混得很熟，其中有几个摄影爱好者一晚上都在拍星空，他就把车打开给他们分享食物，聊天，让他们冷了到车上休息会。

虽然有对高反的担心，有没有看到金光普照下的珠峰的遗憾，但是当看到这漫天繁星的时候，当看到儿子在旅行中认真分析，大胆决策的时候，看到他在旅行中结识朋友的时候，我想我们跟他一起行万里路的目的不过如此。旅行，表面上看的是景，看的是风土人情，其实最终它能帮我们折射出内心。如果一个人的心跟景一样是纯净而美好的，那他的未来就是光明而性感的。

儿子篇

印象中,这是第一次爸爸妈妈有这么大的分歧。可能之前没有过,也可能是我没有更早的印象,但这分歧,却幸福地成了我铭刻于心的记忆。不过说是分歧,其实只是一个小小的选择性问题而已。

我们一家终于来到了珠穆朗玛峰的脚下,这就到了选择的时候,我们要不要在大本营上住一晚。按爸爸设计的行程是要住的。可妈妈似乎被这孤寂和崎岖不平的路吓到了,"高反"带来的精神压力也可能是原因之一吧。

到了个小镇,爸妈的话更少了。可能是太热了的缘故吧,我想。于是我慢慢地从后排座上爬起,坐正,穿上鞋子,认真地系好鞋带。车速减慢了。爸爸说:"刚才那个镇上好像有旅馆",妈妈没说话,只是继续看着前方那篇直插天际的山峦。

车停了。

更安静了。

爸爸呼了一口气,慢慢地说:"要不,不上去了。"顿了顿又说:"回头吧"。

妈妈忽然回头,看了看我,也看了看我手上的书。哦,那是我刚刚的枕头,我看见她喉咙动了一下,眉毛也蹙得更紧了。

我感觉很闷,有点儿难受,于是我说:"不如上去吧。"鬼使神差地,我又加了句"我是没事的,以后还有机会,但这可能是你们最后一次机会上珠峰了吧。"

爸妈听见我的话愣了下。爸爸回过头看了我一眼,别过头去。只听妈妈说:"2票对1票,上山吧。"于是重新发动了车子,我们上山了。

我终于可以摇下车窗,空气也不再那么闷热了。

和想象中不一样,上山的过程开始时并不是那么有趣。毕竟珠峰太高了,

我们也看不到雪线，只有满地的小石子。小小的卵石其实也蛮好看，不过看多了也就没了吸引力，我又看起手中的书来。说是看，其实是翻，毕竟年纪小，只是看剧情。但这也足以令人投入其中。

不知过了多久，车停了。我以为到了，抬头一看，却是个岔口。爸爸在看导航，我却被地上的石头吸引了。我忽然想起以前看过的书，说这里本是一片海，后来才升上来。于是叫上妈妈，我们一起在这捡石头。我想找化石，但那确实很难找。不知什么时候，爸爸也加入了我们，一起帮我找化石，直到最后也没找到几块。我挑挑选选，决定带着一块印有足印的化石和一块封有小昆虫的化石上路。

接下来的路倒是风平浪静，我们顺利地到达了珠峰大本营。那儿的人们都很热情，不过我有些累了，妈妈身体也不舒服，于是我们就先休息了，爸爸与当地人还有其他游客们交流信息。

晚上 11:32 分，这个时间我记得很清楚。爸爸叫醒了我，带我到帐篷外看星星。直到走出帐篷的那一刻，我才真正地用肉眼看到了美丽的银河。我开始用心去感受这美丽的世界，因为这就像梦一样。夜空不是往常的蓝紫色，而是一种静谧的黑色，装点它的也不只是零星的几颗钻石，而是万千光华的珍珠。

我坐在星空下，仰望这我头上的那幕世界。我已不记得我想了什么，可能根本不在思考吧。这么多年，我也曾一次次地回忆起那一天，从脑海，从照片，从父母的言语中。尽管父母希望我自小独立，给我讲述是否与利弊，给我选择的权利。但事实上，那只不过是成长的考验，而非自主的选择啊。不过这些训练也终见成效，那一日我主动地参与讨论，做出选择，也收获到了我选择的美丽。这大概是我在生命之舟中找到的第一个岛屿吧。

我当时没有察觉的，不只是我个人的转变，还有那本书。后来从照片中我发现当时我看的那本书，正是古龙先生的《多情剑客无情剑》。年仅 11 岁的我，大概只看到了小李飞刀例无虚发的致命美感，却根本没有察觉到李探花选择的背后背负的那些悲伤与苦涩。一个人的选择会影响到许许多多人，认识的、不认识的；在乎的、不在乎的；喜欢的、不喜欢的。这似是冥冥注定的事，让我不由地思考当初的选择是合适的。

从那以后，家庭中的大小事务都有了我的身影。有些是我自愿的，有些是父母安排认为我应该会的。

尤其是旅行，自那以后爸爸每次在做完行程单后就打印出来，让我查询我们将游玩的景点，会吃到的特色菜。不得不说，这是很好的锻炼。记得那年去新西兰，我选择了住在一个叫蒂卡波湖的地方，因为那里有一座牧羊人教堂（Church of the Good Shepherd）也可以看到满天星星。我曾想用文字描摹过去之景，下笔却无词可落。我也曾试着画出那梦幻般的景象，却不动而返。南半球的星星跟北半球的不同，于是，我的旅途再次起航了，星星指引着我前进的方向。

18 岁，我想对你说 ❖

妈妈篇

儿子，你马上就满 18 周岁了。

18 岁，在法律上就是一个完全民事行为能力人，需要对自己所做的一切负责，也意味着未来的一切都将由你自己开启。

过去的 18 年，你带给我无限快乐，让我的生活如此美妙又充满挑战，整体来说，我非常满意，你呢？

人生需要规划，需要先放好几块大石头，过去 18 年你经历了学业上两个关键点，一个是四升五，也是提早完成的小升初，我用我的坚持，你用你的努力为自己争取到了一个好的"赛点"；另一个是中考，虽然有些小小的遗憾，但还是正常发挥进入了优秀的学校。明年，你奖迎来学业上第三个关键点也是人生的大石头——高考，希望你能开心快乐，信心满满的迎接这次考验。

在过去的 18 年，你学会了判断轻重缓急，知道人生有哪些大石头。你掌握了一种与人沟通的聪明的方法，并借助"生气储蓄罐"很好地调节了自己的情绪。黄山之旅最大的收获是你被金牌所激励，开始为自己设定目标并逐步形成自我激励；10年来的自驾之旅，让我们大家都开阔了眼界，甚至想象了未来可能的生活方式；在旅行中，我们一家三口如此默契，分工明确，各施所长。学业上你也没有落下，我们很少让你上培训班，你有更多的自由学习空间，也有非常好的学习方法，只是有时还比较偷懒；你的逻辑性特别好，但是做事情不够细致。妈妈始终坚信，只要你想要，就没有做不到的。让妈妈最开心的就是你的活跃，你那无时无刻不体现的小幽默。这是你未来最核心的竞争力，一个人心态好，就没有什么可以打败你。一个人碰到困难，总能幽默对待，就一定能从中找到不一样的方法。这个世界上有很多东西我们不能改变，最能改变的就是我们自己。

　　未来，我希望你成为一个独立的人，善良的人，公益的人。第一，你们这一代是真正意义上没有经济压力可以自由选择的一代。这个社会发展很快，变化很快，未来的职业发展有很多维度空间。但无论做什么职业，独立的思考和判断都是必需的，任何大是大非面前我都希望你客观、冷静不盲从。当下的困难一定是上一个层级的果，所以要解决问题必须向上思考。任何瓶颈都要学会回到"根"也就是对目的的思考与重新审视。第二，我希望你是一个善良的人，但善良是有边界的。有一句话"聪明是一种天赋，善良是一种选择"，我们需要抱着一种对世界的爱去决策一些事情，有些意见可以不表达，而一旦说出来就不能欺骗。第三，我希望你是一个热爱公益的人，公益有大有小，小到一个捐助，一个善行；大到一个项目，一种推动。改变人的思维是最有价值的公益，我希望你始终致力于传播正，传播大道至简，传播快乐美好的东西。

　　18岁，真是让人羡慕的年龄，这一年注定不平凡。面对高考，既让人兴奋，又使人焦虑。听你描述现在每周五进行的"铁人三项"，看你书桌上厚厚的复习材料，这很可能是你这辈子知识最渊博的时刻。即便如此，你每天还是乐呵呵，抽个小空还要蹭个电脑追几章小说，其实我是欣慰的。我对你充满信心。

嘿，奔跑吧，少年！

儿子篇

老实说,我很喜欢现在的我。有些鲁莽,也有些小聪明,但总归是一个准备步入社会的人了。该坚持的我都坚持了,该成长的我也在成长,每一天都是一个全新的我。

最初的 6 年,尽管记忆已经消散,但这不影响我对过去的怀念。那 6 年我一直在享受,享受父母的温馨,享受阿姨的陪伴,享受同龄人所有的天真——一切都是那么美好,却又那么短暂。

从 6 岁开始,我步入小学,这意味着我一天中的一半时间不再与家人共度,这一半时间,我开始接受小学的基础教育。同时我也开始思考(其实更多是试验)要怎样才能更高效地完成任务。于是,我开始了偷懒大业。事实证明,它对我的成长还是有较大影响的。一方面,我因此挨了不少骂,另一方面我也获得了不少经验:关于成长,关于反抗。这确实是我成长的重要过程。

最重要的阶段是中学阶段,我从老师、家长眼中的调皮捣蛋鬼变成了同学当中的"狗头军师",在这个阶段知识大量增加,同学间也凝结了青春的友谊。而另一个关键的蜕变则是妈妈在一个的教诲,其中印象最深的是:长辈指出你的不当,不管怎样,先接受,等大家冷静了再分析问题和解决问题,所有的一切要从态度开始。

今天,我第一次认真的思考 18 岁对我来说意味着什么?

一个社会人,在我看来有三点是必须的:1.成熟而理性的思维;2.好学而虚心的品性;3.一个行之有效的监管系统。

过去的 18 年里,我完成了其中的 60%。第一,成熟但不够理性。做事往往手先行,脑后动。而一个人的行为一旦脱离了脑子的掌控,他就不再理性,不再能掌控结果。这是我过去的一个不足。第二,惰性压制了虚心,我一直很少向他人提问。

接下来还有 42 天的时间。研究表明 21 天可以养成一个习惯，看来这一切都是石头门的安排呢。所以，从现在开始的每一分每一秒我都要让自己更加虚心，更加理性。收束自己的脾气，克服自己的惰性，走出自己的舒适区。争取在 18 岁那天遇见全新的自己，开启未来的美好之路。

过去是欢乐的。不管过程如何，回首翘望看到的总归是乐。所以将来也是欢乐的。我还可以更皮。

现在是珍惜的。每时每刻我都在创造自己的世界，一个神奇又 skr 的世界。朋友们会祝福于我，我将走向更深更广的那片海。

那么，30 岁再见了。那时，我希望遇见你，一个不同的你。一个有能力在社会中闯荡的你。一个能守护成功与幸福的你。一个来到另一个舒适区的你。

那么，一起加油吧。

少年的前路没有退缩，只有狂野。

后 记

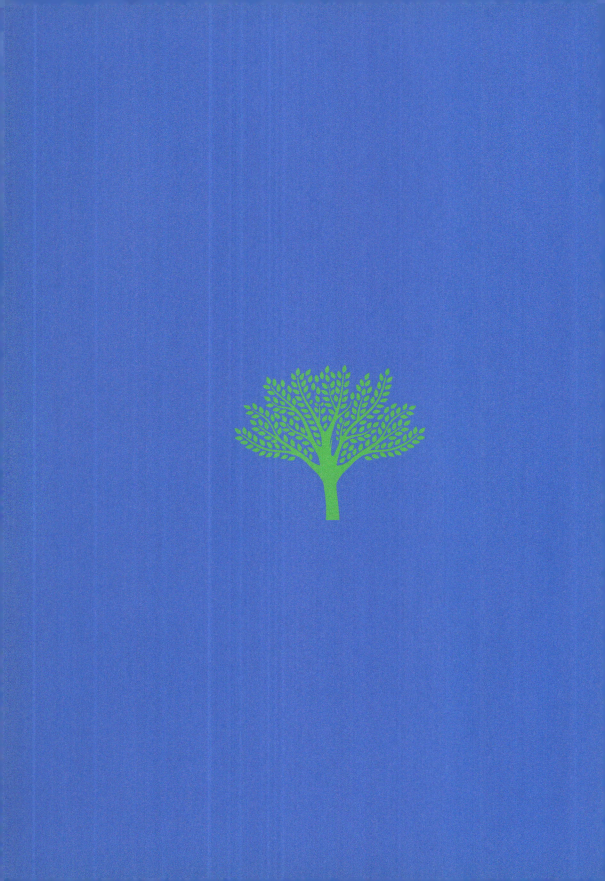

做一个有滋有味的妈妈，让生活有声有色。

在整理这些资料的时候，我好好地把以前的照片、论坛里的帖子、QQ 空间的文章都认真梳理了一下，一边看，一边乐，还有些许的感动。

生活就是这样平凡的经过，蓦然回首又那么生动和鲜活。我们在这个社会承担了很多角色，但妈妈这个角色带给我的感悟是最多的。她让我更懂父母的含辛茹苦，更理解什么是殷切希望。

看儿子写的"18 岁，我想对你说"的时候，我是捏着一把汗的，有时还要百度下查查他是啥意思，不过看完后，还是挺开心，他有自己的思想，他很自信，也有自己的规划。无论如何，对过去的 18 年，我挺满意的，因为，真的很快乐！

感谢儿子，感谢先生，感谢我的父母公婆，感谢在我们家跟我们一起生活了十一年的阿姨周爱花，她在儿子成长中扮演了很重要的角色。感谢我周围所有的朋友，我们彼此分享的故事和方法都让大家共同获益。

希望更多的人一起来记录，分享彼此的经验，让每一个人变得更好！

做一个有趣的人，让周围的人更快乐！